中小学生课外书屋

GAN EN DE XIN

感恩的心

肖静娟/主编

陕西出版传媒集团
陕西人民教育出版社

图书在版编目（CIP）数据

感恩的心 / 肖静娟主编 ；—西安：陕西人民教育出版社，2014.8

（中小学生课外书屋）

ISBN 978-7-5450-2647-4-01

Ⅰ. ①感… Ⅱ. ①肖… Ⅲ. ①品德教育—青年读物②品德教育—少年读物 Ⅳ. ①D432.62

中国版本图书馆CIP数据核字（2013）第181879号

感恩的心

肖静娟　主编

责任编辑：刘　程
封面设计：王　威
出版发行：陕西出版传媒集团
　　　　　陕西人民教育出版社 http://www.snepublish.com
　　　　　（西安市丈八五路58号　邮政编码：710077）
经　　销：新华书店
印　　刷：陕西长盛彩印包装有限公司
开　　本：700毫米×1000毫米　1/16
印　　张：12
字　　数：102千

版　　次：2014年8月第2版　2014年8月第1次印刷
书　　号：ISBN 978-7-5450-2647-4-01
定　　价：20.00元

感恩是爱的源泉

1620年，一百多位清教徒乘坐“五月花”号船到美国去寻求宗教自由。在寒冷的11月，他们在现在的马塞诸塞州的普利茅斯登陆。第一个冬天里，他们受尽苦难，半数以上的移民死于饥饿和传染病，到春天来临时，只剩下50多人活着。善良的印第安人给移民们送来了生活必需品，还教他们怎样狩猎、捕鱼和种植。

第二年，他们获得了丰收。为了感谢上帝的恩典和印第安人的帮助，大家决定要选一个日子来感谢这一切。1789年，华盛顿总统在就职声明中宣布“感恩节”为美国正式节日，于是，“感恩节”在美国以法律的形式固定下来，为每年11月的第四个星期四。

感恩节一年只有一天，但一年有365天，是不是一年只在那一天感恩呢？其实，并不是这样。感恩与否，是一个人的人生态度。如果你学着每天都在感恩，以感恩的态度面对每一件事，连不如意的事也会变得没什么么了。风来了，我们感恩，它吹走了落叶；雨下了，我们感恩，它滋养了土地。

记得有首歌叫《感恩的心》，唱得非常好：

感恩的心，感谢有你，伴我一生，
让我有勇气做我自己。
感恩的心，感谢命运，
花开花落我一样珍惜……

在这个世界上，你感恩的事情越多，你认为理所应当的事情就会越少。感谢所有曾经帮助过你的人，感谢你身边所有的人。感激伤害你的人，因为他磨练了你的心智；感激欺骗你的人，因为他增进了你的见识；感激鞭打你的人，因为他消除了你的惰性；感激遗弃你的人，因为他教导你要自立。

感恩之心会给我们带来无尽的快乐。为生活中的每一份拥有而感恩，能让我们知足常乐。感恩不是炫耀，不是停滞不前，而是把所有的拥有看作是一种荣幸，一种鼓励，在深深感激之中化作进行回报的积极行动，才是最重要的。感恩之心使人警醒并更加热爱生活，创造力更加活跃；感恩之心使人向世界敞开胸怀，投身到仁爱行动之中。没有感恩之心的人，永远不会懂得爱，也永远不会得到别人的爱。

拥有感恩之心的人，即使仰望夜空，也会有一种感动，正如康德所说：“在晴朗之夜，仰望天空，就会获得一种快乐，这种快乐只有高尚的心灵才能体会出来。”

「目录」

寻找妈妈的寻人启事

孙道荣

作文课。老师给同学们布置了一个题目：假设自己的妈妈丢了，请每个人写一则寻人启事，里面的内容必须根据自己母亲的真实情况撰写。

同学们似乎还没有反应过来：自己的妈妈丢了？写一则寻人启事？面对着寻人启事样本，同学们一时都不知道该如何下笔。

见同学们都没什么动静，老师说：“这样吧，我再讲一遍寻人启事的要点，大家一边听，一边写。”

“首先，写下丢失人的姓名。”

大家埋头在纸上写了自己妈妈的名字。

老师说：“性别。”

“女。”大家刷刷写下。

“丢失人年龄。”老师的话音刚落，班里就炸开了锅。

有人说，我妈妈好像42岁了吧？有人说，我妈妈从来没告诉过我她多大啊。有人说，我今年14岁，我妈妈该有38岁了吧。几十个同学，竟然没有一个人能够准确地说出自己母亲的年龄。

老师摇摇头：“年龄先空着吧。下面是最重要的部分，请写出丢失人的体貌特征。”

……

大家七嘴八舌，似乎对自己的母亲很了解。老师打断了大家的话：“同学们说的也许是你母亲的特点，但是，现在请大家写的是母亲的体貌特征，比如脸上有颗痣，手背上面有道伤疤，腰杆儿有点弯曲什么的。”

同学们停止了议论，歪着脑袋，努力回想着妈妈的形象。每天都见到的妈妈，到底有些什么体貌特征呢？脸上有没有长痣？好像是有的，但想不起来在哪儿了。妈妈干活时，经常会受伤，可是，哪儿留下过伤疤倒真的没注意过。妈妈的腰杆儿这几年确实有点弯曲了，总是直不起来，可能是太累了的缘故吧？可是，好像每个人的母亲都是这样的啊，这也算是体貌特征吗？

同学们勉强写下了几个特征，既像是自己的妈妈，又好像不太像。

老师说：“请同学们再接着写，今天，妈妈穿的是什么衣服和鞋子。如果妈妈真的丢了，那么，最后离开家时穿的衣服，将是很重要的辨认依据。”

班里再次炸开了锅。穿着干净漂亮衣服的同学们，唧唧喳喳地议论开了。哪个同学早上新穿了一双运动鞋，大家立即就注意到了；最喜欢的那个电影明星，喜欢穿什么样式什么牌子的衣服，大家总是一清二楚……可是，早上和自己一起出门，甚至将自己送到学校门口的妈妈，穿着什么颜色的衣服，什么样式，却真的没有留意，从来也没有留意过。

作文课彻底失败了。一个简单的寻人启事，竟然没有一个同学能写完整、写准确。最后，老师面色凝重地对大家说：“不是寻人启事难写，而是大家对自己的母亲，根本就不关注不了解啊。”

老师继续说：“天底下的爸爸和妈妈，那是用心去看自己的孩子的，所以，孩子的每一个细小动作，都逃不过父母的眼睛。记住爸爸妈妈其实一点也不难，只要用心，就足够了。”

每个人的成长都不是一件理所当然的事情，可是，我们偏偏对精心呵护我们的父母视而不见：只看见了可口的饭菜，却不见忙碌在厨房的背影；只欣喜于获得的优异成绩，却忘记了深夜伴读的眼眸；只盼望着自己的成长，却忽略了因操劳而佝偻的身影……要到何时，我们才能有一颗心，用它看清父母的面容，记住父母的深情？让我们学会关爱他人，先从关爱自己的父母开始。

瓶水之爱

马　德

一个不常出差的年轻人这次要出差，是去很远的地方，而且途中还要辗转好多个地方。

临行前，母亲在一旁为他整理行囊，不一会儿，便装了鼓鼓囊囊的一大包东西。他一边翻拣着背包一边露出不以为然的笑意，因为里边除了必要的物品之外可带可不带的东西实在是太多。他对母亲说："出远门，不需要拿这么多东西的。"于是，他把母亲装进去的东西又一件一件地拿出来。他怕伤了母亲的心，每拿出一件的时候，都要简单地解释一下。

到后来，他翻出一瓶水，用很大的塑料瓶盛着的一瓶水，他随即把这瓶水也拿了出来。心想，带这个实在没必要，火车站、码头，到处有卖水的地方，一两元一瓶的矿泉水，极便宜的。带一瓶水，多重啊。虽然他依旧是笑着解释不带的理由，但看得出来，他心里多少有些责备母亲在帮倒忙。

在此之前，母亲一直静静地站在一边，任由儿子把她装进去的东西，再一件一件地拿出来。但当儿子拿出这瓶水的时候，母亲似乎并没有听儿子的解释，便抓起那个瓶子，重新塞进背包里，嘴里念叨着：“这个你一定得带上，这个你一定得带上。”

母亲还未放妥当，谁知儿子又一把把水瓶扔出来。水瓶落在床上，发出“咚”的一声闷响。“带这个干什么，这么重，谁愿意背！”看来他有些不耐烦了。

空气似乎凝滞了一会儿。最后，还是母亲打破了这片刻的沉闷，她有些蹒跚地走过去，把那瓶水又重新装进了包里，说：“还是带上吧，重就重一些。这次你去的地方远，我怕你水土不服，特意为你装了一瓶家乡的水。”

母亲接着说：“在你小的时候，第一次带你回东北老家，你却闹起了肚子，那时候妈妈不懂，害得你闹肚子好长一阵子，人也瘦了许多。后来，听说这叫水土不服。老辈人讲，到了一个生地方后先喝几口家乡水，情况就会好些，妈把这话牢牢地记在了心里。以后再带你回爷爷家，妈在大背包中，总忘不了带上一大瓶家乡的水。别说，这一招还真管用。现在你大了，水土不服的毛病早就没有了。可妈好像改不了‘老毛病’，一听说你要出远门，就又为你准备下了这瓶水，心想带上终归没有坏处的。”

这次儿子没有再拒绝，泪眼婆娑地看着母亲为他所做的一切。

我们或许并不是每时每刻都能意识到，平淡的生活中其实蕴藏着许多爱的细节。它琐碎、细小，像一丝风，似一缕雾，淡淡的，藏在生活不起眼的某个环节上。或者说，它更像一滴水，早已默默地渗透在了生活的深处。可惜，活得很粗糙的我们，往往感受不到。就像这瓶水，我们更多的时候只把它简单地看成了一瓶水，殊不知，在水的晶莹中，蕴含着母亲那无微不至的爱。

为自己的过失买单

通常一般人听到“负责”这两个字，马上的反应，就好像有“千斤重担压在肩头”，十分沉重，于是不太愿意再继续听下去了。

近些年来因为大家的生活富裕了，孩子们在过度保护的环境下成长，父母和老师都把孩子当做心肝宝贝，极端地呵护和尊重，尽全力给孩子最好的。结果，孩子们只会一味地强调自我的重要性，把自己得到的一切都当做是理所当然，生活中的一切问题都有父母处理、买单。然而，一个真正懂得负责的人，是会为自己的过失和错误买单的。

1920 年，有个 11 岁的美国男孩踢足球时，不小心打碎了邻居家的玻璃。邻居向他索赔 12.5 美元。在当时，12.5 美元是笔不小的数目，足足可以买125只生蛋的母鸡！

闯了大祸的男孩向父亲承认了错误，父亲让他对自己的过失负责。

男孩为难地说："我哪有那么多钱赔人家？"

父亲拿出12.5美元说："这钱可以借给你，但一年后要还我。"

从此，男孩开始了艰苦的打工生活，经过半年的努力，终于挣够了12.5美元这一"天文数字"，还给了父亲。

这个男孩就是日后成为美国总统的罗纳德·里根。

他在回忆这件事时说，感谢父亲当时让我通过自己的劳动来承担过失，使我懂得了什么叫责任。

滋养心灵

如果长期在父母全力照顾、凡事准备好的情况下成长，孩子们就必然会失去自己计划、安排的能力和敢做、敢当的勇气。

只有懂得责任，懂得为自己的人生、甚至错误买单的人，才会具有更强的生存能力。

镶　牙

有一个大款的母亲牙齿全坏掉了，他开车带母亲去镶牙。

走进牙科诊所，母亲要了最便宜的假牙。医生一边看着大款儿子，一边耐心地给他们比较好牙与差牙的本质不同。可是令医生非常失望的是，这个看似大款的儿子却无动于衷，只顾着自己打电话抽雪茄，根本就不理会他。医生拗不过母亲，只好同意了她的要求。

这时，母亲颤颤悠悠地从口袋里掏出一个布包，一层一层打开，拿出钱交了押金，一周后再准备来镶牙。

两人走后，诊所里的人就开始大骂这个大款儿子，说他衣冠楚楚，吸的是上等的雪茄，可却不舍得花钱给母亲镶一副好牙。

正当他们义愤填膺时，不想大款儿子又回来了，他说："医生，麻烦您给我母亲镶最好的烤瓷牙，费用我来出，多少钱都无所谓。不过您千万不要告诉她实情，我母亲是个非常节俭的人，我不想让她不高兴。"

妈妈叫我起床

我上床的时候是晚上 11 点，窗外下着小雪。我缩到被子里面，拿起闹钟，发现闹钟停了，我忘买电池了。天这么冷，我不愿意再起来，我就给妈妈打了个长途电话：“妈，我闹钟没电池了，明天还要去公司开会，要赶早，你六点的时候给我个电话叫我起床吧。”

妈妈在那头的声音有点哑，可能已经睡了，她说：“好，乖。”

电话响的时候我正在做一个美梦，外面的天黑黑的。妈妈在那边说：“小桔，你快起床，今天要开会的。”我抬手看表，才五点四十。我不耐烦地叫起来：“我不是让你六点叫吗？我还想多睡一会儿呢，被你搅了！”妈妈在那头突然不说话了，我挂了电话。

起来梳洗好，出门。天气真冷啊，漫天的雪，天地间茫茫一片。公交车站台上我不停地跺着脚。周围黑漆漆的，我旁边却站着两个白发苍苍的老人。我听着老先生对老太太说：“你看你一晚都没有睡好，早几个小时就开始催我了，现在等这么久。”

是啊，第一趟班车还要五分钟才来呢。终于车来了，我上车。开车的是一位很年轻的小伙子，他等我上车之后就轰轰地把车开走了。我说：“喂，司机，下面还有两位老人呢，天气这么冷，人家等了很久，你怎么不等他们上车就开车？”

那个小伙子很神气地说：“没关系的，那是我爸爸妈妈！今天是我第一天开公交，他们是来看我的！”

我突然就哭了——我看到爸爸发来的短消息：“女儿，你妈说，是她不好，她一直没有睡好，很早就醒了，担心你会迟到。”

滋养心灵

忽然想起一句犹太人谚语：父亲给儿子东西的时候，儿子笑了；儿子给父亲东西的时候，父亲哭了。

影子里的父爱

今年夏天，我所居住的这个城市气温达到37℃，热得最凶的那天，诊所里开着空调也抵御不了汹涌而来的热浪。小护士不停地向地上洒水，以获得一点儿清凉，但我仍感觉透不过气来。小护士指着窗外说："看看那些进城来卖菜的农民吧，他们一直在烈日下晒着呢，你应该满足了。"正说话间，几个人抬着一个病人进来了。

病床上躺着的是一个农民模样的人，双目紧闭，面色潮红，完全处于昏迷状态。床边站着一个大约8岁的小男孩，边哭边对病人喊着："爸，你怎么了？你怎么了？"

我为他量了体温，看了看他的舌苔，发现没有什么大碍，只是中暑了，就给他打了一针。看着还在一旁哭泣的小男孩，我说："别哭别哭，你爸没事，一会儿就好了。"

男孩听我这么说，才放心了。他边说着“谢谢”边从裤兜里掏出一个小布包，然后从布包里拿出一沓皱巴巴的纸币。孩子数着钱：五毛、六毛、一块、两块……他把那些毛票递给我说：“医生叔叔，一共七块三，够不够我爸的药费？”孩子的脸被太阳晒得黑黝黝的，看着他饱含真诚仰望我的眼睛，我忽然对他产生了好感，就问他：“你挺壮实的，你爸中暑了你居然没事儿。”孩子说：“天太热了，街上没有树，我们也没有伞，我爸怕我晒着，就让我蹲在他背后的影子里。后来他就晕倒了……”

听着孩子的诉说，我的心被震撼了。就在这时，小护士进来了。她告诉我，我父亲刚才来过诊所，见我忙，把东西留下就离开了。我从她手里接过父亲送来的东西：一把遮阳伞，还有一小瓶仁丹。手里握着这些东西，想着父亲，我烦躁的内心蓦地清凉无比。

那天，我想的都是“父亲”这个字眼。想着每一个做父亲的，都会把关爱子女当成一种人生习惯。生活条件好一些的父亲，会记着在这烈日炎炎的天气里为孩子送一把遮阳伞，一瓶提神的仁丹，而像那位中暑的父亲，尽管他贫穷得只剩下自己的影子，也会把影子作为庇护孩子的一片阴凉。

没有上锁的门

乡下小村庄的偏僻小屋里住着一对母女，母亲生怕遭窃，总是一到晚上便在门把上连锁三道锁；女儿则厌恶了像风景画般枯燥而一成不变的乡村生活，她向往都市，想去看看自己通过收音机所想象的那个华丽世界。

某天清晨，女儿为了追求那虚幻的梦离开了母亲身边。她趁母亲睡觉时偷偷离家出走了。

“妈，你就当做没我这个女儿吧。”可惜这世界不如她想象的美丽动人，她在不知不觉中，走向堕落之途，深陷无法自拔的泥泞中，这时她才领悟到自己的过错。

“妈！”经过十年后，已经长大成人的女儿拖着受伤的心与狼狈的身躯，回到了故乡。

她回到家时已是深夜，微弱的灯光透过门缝渗透出来。她轻轻地推了推门，门就打开了，她自言自语地说：“好奇怪，妈妈之前从来不曾忘记把门锁上的。”

走进门，母亲瘦弱的身躯蜷曲在冰冷的地板上，以令人心疼的模样睡着了。

“妈……妈……”听到女儿的哭泣声，母亲睁开了眼睛，一语不发地搂住女儿疲惫的肩膀。在母亲怀里哭了很久之后，女儿突然好奇问道：“妈，今天你怎么没有锁门，有人闯进来怎么办？”母亲回答说：“不只是今天而已，我怕你晚上突然回来进不了家门，所以十年来门从没锁过。”

母亲十年如一日，等待着女儿回来，女儿房间里的摆设一如当年。这天晚上，母女恢复到十年前的样子，紧紧锁上房门睡着了。

便当里的头发

在那个贫困的年代里，很多同学往往连带个像样的便当到学校上课的能力都没有，我邻座的同学就是如此。他的饭菜永远是黑黑的豆豉，我的便当却经常装着火腿和荷包蛋，两者有着天渊之别。

而且这个同学，每次都会先从便当里捡出头发之后，再若无其事地吃他的便当。这个令人浑身不舒服的发现一直持续着。

“可见他妈妈有多邋遢，竟然每天饭里都有头发。”同学们私底下议论着。为了顾及同学自尊，又不能表现出来，总觉得好肮脏，

因此我对这个同学的印象也开始大打折扣。有一天学校放学之后，那个同学叫住了我：“如果没什么事就去我家玩吧。”虽然心中不太愿意，不过自从同班以来，他第一次开口邀请我到家里玩，所以我

不好意思拒绝他。

我随同学来到了位于汉城最陡峭地形的某个贫民村。

“妈，我带朋友来了。”听到同学兴奋的声音之后，房门打开了。他年迈的母亲出现在门口。

“我儿子的朋友来啦，让我看看。”但是走出房门的同学母亲，只是用手摸着房门外的梁柱。原来她是双眼失明的盲人。

我感觉到一阵鼻酸，一句话都说不出来。同学的便当虽然每天都是豆豉，却是眼睛看不到的母亲小心翼翼帮他装的，那不只是一顿午餐，更是母亲满满的爱，甚至连掺杂在里面的头发，也一样是母亲的爱。

从来不笑的妈妈

女儿学校发来通知，说邀请妈妈们参加座谈会，听听孩子们怎么评价自己的妈妈。于是，那天晚上我带着女儿兴致勃勃地去了。孩子们一个接一个地上台演讲，内容大致是妈妈平时如何关心我、辅导我写作业，照顾我的日常生活等等，最后大多数孩子都会说：“我有这样的妈妈，我太幸福了。”千篇一律的说辞，已令我有些不耐烦了，有些妈妈也频频看表，大家都心不在焉起来。

这时，走上台的是一位五年级的学生，她鞠了一躬，开口便说：“我的妈妈从来不笑，她对我的事从来不闻不问。我一星期只能见到她一次，可她从来不跟我打招呼。”

台下有一阵轻微骚动。

“因为她是一个植物人。在我5岁那年，我的妈妈遇上了车祸，从此躺在床上，再没有看过我一眼。我叫她，她不会答应我；我亲她，她不会报以微笑；我大声地读出自己优异的成绩，她也毫无反应。我不敢想象这就是曾经陪我玩滑梯、捉迷藏、晚上搂着我讲故事的妈妈。”

台下已有人悄悄掏出纸巾。

“前几天，我从电视上看到美国的植物人被拔插管的消息，我害怕极了。我问爸爸，妈妈会不会死？爸爸说，妈妈不会。妈妈其实知道我们爱她，她什么都知道。

“妈妈，你知道吗？我和爸爸等着你回家。”

台下的妈妈们都开始呜咽起来。

“爸爸，请你明天告诉妈妈，今天我在这里当着所有人说我爱她。”

我们每个人透过泪水模糊的双眼，找到了坐在最后一排的唯一的男士。他双眼通红，报以羞怯的一笑。

台下响起了热烈的掌声。

圣诞贵宾

暴雨下了一夜，窗外一片漆黑，仿佛整个世界都被大雨冲走了，天地间只剩下轰鸣的雨声。

窗内也是一片漆黑，断电了，安娜紧紧地搂着四个孩子，一家人蜷缩在床上。她们这座破旧的小屋坐落在山坡上，所以地上经常是干燥的。

天亮时，雨住了，安娜轻轻地为四个刚入睡的孩子盖好被子，下床开了门。

山坡下的村子已变成了一片汪洋，村边那条原来缓缓流淌着的小溪，已变成一条湍急的大河，好像一夜之间上帝从天外扔下了另一条密西西比河。

安娜怎么也不相信自己的眼睛。她匆匆掩上门，急急往山坡下赶去。

这个村子有二十几户人家，家家的日子都过得挺艰难。年轻力壮的男子都上前线去了。安娜的丈夫也上了前线，他永远也不会回来了，在一个寒冷的深冬夜里，一个人敲开了山坡上小屋的门，给她带来了一份阵亡通知书。她家的日子，比谁都艰难。

晌午时分，疲乏不堪的安娜回到了小屋，右手抱着一个小女孩，左手牵着一个小男孩。

“妈妈！”小女儿高兴地扑上来，“你把波迪和杰克领到咱们家跟我玩，是吗？”

“他们以后就和你一起睡觉了。”安娜叹了一口气，说，“可怜的孩子，他们家昨天夜里让大水冲走了，可怜的海伦大婶让塌下来的屋梁给砸死了。”

她边说着，边打开床边的大皮箱，给那两个小孤儿找出两套干净的衣服。

“妈妈，那是我圣诞节要穿的外套！”一直在一旁迷惑不解地看着的大女儿突然大声抗议道，“我再也没有更好的衣裳了。”

安娜转过身，抚摸着大女儿的头发，慈爱地说：“孩子，他们可是咱们家的圣诞贵宾呀。”

“圣诞贵宾？”四个孩子异口同声地问。

“是的，圣诞贵宾。”安娜把两个小孤儿搂在怀里，用母亲所特有的目光把自己的四个孩子依次看了一遍，说，“来，孩子们，我给你们讲个故事。”

“25年前，在密西西比河畔，在妈妈小时候住过的那个小镇上，住着一位可敬的波莉姨妈，她有很多孩子，就像咱们家一样，可她的丈夫已经死了，是在一次大战中死的。你们说，她们的日子难不难？哦，那一年的冬天特别冷。圣诞前夕的下午，大雪纷纷地飘。

“波莉姨妈在外面累了一天，回家了，手里只带着几个小面包和奶酪。

“看到孩子们失望的面孔，波莉姨妈说：‘孩子们，看我给你们带来了什么？’孩子们一看，从波莉姨妈身后走出一个七岁的小姑娘，她是那样单薄、瘦弱。‘孩子们，这是咱们的圣诞贵宾，是圣诞老人给你们的礼物。’波莉姨妈说。那些哥哥姐姐们忽然明白过来，一拥上前，把小姑娘拉到火炉前，有的给她披上了外套，有的将自己的玩具塞到她手里。‘孩子们，你们知道这位七岁的小姑娘是谁吗？’”

四个孩子都摇摇头。安娜说：“她就是我，是你们25年前的妈妈。”

好一阵子，孩子们鸦雀无声。突然他们一起欢呼起来：“妈咪，我们也欢迎我们的圣诞贵宾！”

父爱陷阱

那年，他随父亲去狩猎，不慎掉进陷阱。突如其来的一阵黑暗，使他无法适应。他拼命挣扎，拼命呼喊父亲，但是这一切都是徒劳的。不久前，父亲出猎时耳朵受了伤，一直没有康复。他所有的呼喊，父亲可能真的听不到。

可是，他看见井口边，父亲正在伸头探望。他喜出望外，挥动双手，大声地喊着：“爹，我在这儿！”父亲没有听见。也许是陷阱内的光线太暗，父亲没有发现他，就转身离开了。那一刻，他急得哭了。

他沿着井壁走了一圈，没发现任何能攀援的地方，要想离开陷阱，凭他的能力，几乎是不可能的。他绝望地坐在地上，等待救援。时间一分一秒地过去，他期待着父亲能早点再找到这里，并能发现他。

井下昏暗潮湿，坐在井底，他感到了阵阵寒意。更糟糕的是，他感到前所未有的饥饿。父亲一时找不到他，可能回村里喊救兵了。他意识到，即使父亲以最快的速度赶回来，也需要两天时间，那么，他能坚持两天吗？而他现在唯一能做的，只有耐心地等待。

周边非常安静，他知道，夜幕开始降临了。忽然，他听到一阵

窸窸窣窣（xī xī sū sū 形容摩擦等轻微细小的声音）的声音，好像是井边的草丛在响，可能是什么动物向井边靠近了。他提高警惕，掏出那把猎刀，做好了随时跟动物拼命的准备。幸运的是那声音一会儿又消失了。他松了一口气，再次坐到地上。

没多久，困意向他袭来，他闭上了眼睛。忽然那声音再次响起，他重新提高了警惕。他意识到，在井内比在任何地方都危险，他没有退路，他必须时刻保持清醒。但是坚持不了多久，他又松懈了，只有听到井口的声音，他才又振作起来。

夜深了，他不再指望父亲能来救他。如果父亲真的不来，那么，他将永远被困在井内。对于他来说，等待或许才是最危险的。想到这里，他再次站起来，沿着井壁寻找出路。他发现，井壁其实都是些松软的泥土，他掏出猎刀，在井壁上挖出阶梯，挖一步，向上爬一步。他相信，只要他能坚持住，不久就可以爬出陷阱。

他终于成功了！当他爬到井口时，黎明的霞光正照射过来，明亮而美丽。他几乎耗尽了所有力气，一屁股坐在草地上。

突然，他一跃而起，好像踩上了毒蛇一般——他发现了父亲！父亲竟然就站在一棵大树后面，静静地看着他，身边的草丛凌乱不堪。那一刻，他几乎气晕了——父亲竟然一直守在井口，任由他在井内痛苦地挣扎。他没想到父亲竟然如此冷漠绝情。

父亲满脸憔悴，看到他，显得非常兴奋，赶忙跑过来拥抱他。

他一把将父亲推开，气急败坏地说："我没有你这个见死不救的父亲！"

父亲伸出的手僵住了，愣了愣，显得很愧疚。父亲说："对不起。"

他说："你知道，我在井里多么期盼着你来救我。而你，竟然就一直守在井口看着我痛苦。"

父亲说："我知道你掉入陷阱，但是，我也知道，凭你的能力，能顺利爬出陷阱。因为井壁的土质很松软，只要有把猎刀就能顺利爬出来，而你身上就有一把猎刀。整个晚上，我守在井口，一步不敢离开，因为随时会有动物靠近陷阱。为了提醒你，我不得不用脚踩草丛，制造声音。幸运的是，昨天晚上一直没有任何动物出现。我知道，你习惯了等待救助，但是，更多的情况下，你等不到救援，你必须学会自救！这便是我挖这口陷阱的初衷。"

他的双眼湿润了，他理解了父亲的苦心。他扑进父亲怀里，说："爹，对不起！"父亲拥抱着他，开心地笑了。

那年，他才 13 岁，却一夜间成熟得像个老猎人。

世上最美味的泡面

他是个单亲爸爸，独自抚养一个7岁的小男孩。每当孩子和朋友玩耍受伤回来，他对过世妻子留下的缺憾，便感受尤深，心底不免传来阵阵悲凉的低鸣。这是他留下孩子出差当天发生的事。因为要赶火车，没时间陪孩子吃早餐，他便匆匆离开了家门，一路上担心着孩子有没有吃饭，会不会哭，心老是放不下。即使抵达了出差地点，也不时打电话回家。可孩子总是很懂事地要他不要担心。然而因为心里牵挂不安，便草草处理完事情，踏上归途。回到家时孩子已经熟睡了，他这才松了一口气。旅途上的疲惫，让他全身无力。正准备就寝时，他突然大吃一惊：棉被下面，竟然有一碗打翻了的泡面！

“这孩子！”他在盛怒之下，朝熟睡中的儿子的屁股，一阵狠打。

“为什么这么不乖，惹爸爸生气？你这样调皮，把棉被弄脏？要给谁洗？”这是妻子过世之后，他第一次体罚孩子。

“我没有……”孩子抽抽噎噎地辩解着，“我没有调皮，这……这是给爸爸吃的晚餐。”

原来孩子为了等爸爸回家，特地泡了两碗泡面，一碗自己吃，另一碗给爸爸。可是因为怕爸爸那碗面凉掉，所以放进了棉被底下保温。

爸爸听了，不发一语地紧紧抱住孩子。看着碗里剩下那一半已经泡涨的泡面说：“啊！孩子，这是世上最……最美味的泡面啊！”

我终于读懂了爱

那已经是很多年前的事了。那天放学之后，我沿着联合大街向市中心爸爸的修鞋店走去。

然而，在到达他的修鞋店之前，伍尔沃斯连锁店的橱窗像磁铁一样吸引了我的目光。橱窗正中显著的位置上摆放着一个红色格子的书包。书包上那红色鲜艳的塑料手柄在秋日明亮的阳光下闪烁着绚丽多彩的光芒。书包的前面是一个嵌入式的铅笔盒，它的开口处

镶着一条有着黄色拉环的拉链。我靠近橱窗，把脸贴在玻璃上，以便能够看清楚它上面的那两个扣环。

“如果我能有个这样的书包，那我不也就像珍妮特和班上的其他女孩一样了吗？”我想到。但是，我知道那是不可能的，我爸爸从来都没有说过要给我买这种书包。

想到这，我气愤地从肩头把我的那个褐色的书包滑下来，然后使劲将它摔到我前面的人行道上。在这明媚的秋阳下，这个皮书包一点儿光泽都没有，而书包上那黄铜做的扣环也是那么黯淡，没有一丝闪光。此刻，它就这么静静地躺在人行道上，像一头又老又丑的母牛，横亘在我和橱窗里的那个红色格子书包之间。我的这个书包是爸爸自制的。

然而，无论我怎么苦思冥想，也想不出一个合适的理由对爸爸说我不想要他给我做的这个书包。最主要的是那个红色格子书包要3.98美元一个，我们可能买不起。

第二天早晨，当我醒来准备去上学的时候，我感到非常为难。因为今天，珍妮特邀请我们班里所有的女孩放学后到她家里去喝下午茶。在这之前，我不仅从来没有喝过下午茶，而且也从来没有去过珍妮特的家。我不想背着这个破书包去她家。在我们班里，她是一个很讨大家喜欢的女孩，而且，她还拥有我们每一个人想要的任何东西。不仅如此，珍妮特还拥有一头漂亮的金色鬈发，她住在郊区的一栋单门独院里。她的爸爸在一家大公司里工作，而且还有自己的办公室。珍妮特也有一个从伍尔沃斯连锁店买来的配有铅笔盒的红色格子书包。

那天上课的时间好像特别长，没有尽头似的。好不容易熬到了放学，我们八个女孩一起来到了珍妮特的家。哦，这一趟我真是不虚此行，大开了眼界。她的家比我所想象的还要漂亮。看着她家豪华的装饰，我感到就好像是在拜访一位公主似的。

珍妮特的妈妈端着一个银质的茶壶，为我们倒茶。而我们则几乎都在等待着吃饼干。就在这时候，门开了，珍妮特的爸爸走了进来。

“嗨！爸爸！”珍妮特张开双臂向他跑去。但他没有看珍妮特，只是心不在焉地用手轻轻地拍了拍她的头。“哎，别把我的衣服弄皱了。”他一边说一边向后退了一步。

“哦，嗯，对不起，爸爸。”珍妮特说，“您想见见我的朋友吗？”

“我没有时间。”他不耐烦地说，同时，打开公文包，从里面掏出来一摞报纸。

“凯瑟琳，”他对着珍妮特的妈妈粗鲁地问道，“我们家今天要干什么？”

他指的是我们。

“罗恩，”珍妮特的妈妈道歉说，“我知道你想说什么——不过，请原谅这些女孩子。”她说着离开了餐厅走进厨房。

顿时，这间漂亮的餐厅成了珍妮特

父母争吵的回音室。

“你应该知道，我回到家里喜欢安静。”珍妮特的爸爸嚷道。

“是的，我知道，但是，这一次，我认为你不应该介意。”珍妮特的妈妈争辩道。

“如果我回到家里没有一个和睦安静的环境，你又怎么能够指望我挣钱养家呢？我想让那些小孩立刻离开这儿！”

接下来，珍妮特的妈妈就不作声了。然后，厨房的门“砰”的一声关上了，并且，我们听到沉重的脚步声向楼上走去。

一会儿，珍妮特的妈妈回到了餐厅。“姑娘们，我非常抱歉打断你们，”她低着头，眼睛不敢看我们任何一个人，满怀歉意地说，“现在，大家赶快把饼干吃完，然后你们可以到珍妮特的房间里去玩，等你们的父母来接你们。”

于是，我们只好默默地吃完饼干喝完茶，然后又默默地走到珍妮特的房间里。珍妮特的床上罩着镶有荷叶边的床罩，窗户上挂着带有皱边的落地窗帘。不仅如此，她还有一台电视机、一台收音机和一台电唱机。长那么大我还从来没有见过这样的房间——真是太漂亮了！

看着看着，我又想起了自己的房间——在我那个墙上涂着廉价的、略有点晃眼的粉红色油漆的窝里，地板上铺着破烂不堪的油布，家具也都是别人用过的旧家具。我环视着这里，几分钟前，我还对它艳羡不已，而现在它只让我感到畏惧。

我的思绪不禁又回到了那个下午。那天，当爸爸伸出双臂紧紧拥抱我的时候，他身上的粗布围裙把我的脸都磨疼了。想到这儿，我不禁抬起双手揉搓着自己的脸颊，我又想到了那块苹果卷饼，爸爸每次只买一块给我吃，而他自己却从来都不舍得吃一口。而且，不论他每天有多少鞋子要修理，他总是要抽出一些时间和我说话，对爸爸来说，我好像是最重要的人。他总是慈爱地看着我，问长问短。

这时，我的目光正好落在了珍妮特那个红色格子书包上，它正放在白色的写字台上。我情不自禁地伸出手去，满怀羡慕地抚摸着那个漂亮的红色塑料手柄。但是，我突然发现，它的上面布满了一道道划痕，不仅如此，那用来固定背带的铆钉也因为书籍太重的缘故而被拽了出来。仔细想来，这个书包，其实就像珍妮特的生活一样，并不是那么完美。

就在那一刻，我突然非常想回到家里去。我想和我的家人们一起围坐在厨房的桌子旁，一边吃着硬皮面包，一边开心地笑着聊天……就这样，我一边想着，一边焦急地盼望着爸爸快点儿来接我。

许多年过去了，我仍然珍藏着那个破旧的皮书包。爱，不是来自于银质的茶壶里，当然，也不是来自于红色格子书包。有时候，它来自于一间不大的房间，来自于一块特意准备的苹果卷饼，当然，也来自于那个自制的褐色皮书包——因为，那上面的每一针每一线都是用爱缝起来的啊！就在那天，我终于明白，爸爸对我的爱就像他用来给我做书包的那块皮子一样坚韧，一样真实。

父亲进城送梨

父亲来了几次电话催我回家，说院子里的梨熟了，让我摘些带回城里吃，说要不是他的腿跌伤了，早进城送梨了。每次接到父亲这样的电话，我总是支吾着应付他，说等休息时会抽空回家。可心里却想，特意回家摘些梨带回城里，好像城里没有梨似的。回家一趟，时间浪费了不算，那车票钱足够买几十斤梨。再说今年的雨水多，梨不甜。因而，我未把回家摘梨的事放在心上。

谁知，中秋节前的一天，父亲瘸着腿突然出现在家门口，身后背着一只蛇皮袋，像一个行乞的老人。我连忙接过父亲的蛇皮袋，挺沉！父亲紧跟在我身后提醒着，袋里放的是梨，轻点儿放下，别把梨碰伤了。一听父亲是送梨来的，我有点儿没好气地埋怨起来："爸，你腿还伤着呢，大老远送梨来干吗？要来也不打个电话，我好去车

站接你呀！”父亲愣住了，好一会儿才说：“你，你们忙，没时间回家摘梨，我总不能看着梨长在树上烂掉呀！就过节了，中秋节也可以用它敬月啊！”父亲涨红了脸表白着自己进城送梨的理由。

妻子回来了，一听说父亲特意送梨进城，也埋怨起来：“爸，你以后别这样，知道吗，城里的大街小巷到处都有卖梨的，才几毛钱一斤！”父亲被妻子的话呛得没一声言语，一副局促不安的样子，仿佛自己走错了家门。

我和妻子的话对父亲有着一种无意的伤害。中饭时他很少说话，吃得也很少。饭后，他把那蛇皮袋里的梨一只只取出来，小心翼翼地平放在餐桌上。收拾好蛇皮袋，父亲执意要回乡下。我再三挽留，父亲却执拗得像个孩子。在去车站的路上，父亲耷拉着脑袋，一瘸一拐地走在我的前面。我劝他别把我和妻子的话放在心上，父亲只是默默地走路。望着父亲花白的头发，一种不可名状的愧疚感像一块石头重重地压在我心上。

回到家中，看到餐桌上一只只青翠的梨，我的眼睛湿润了，眼前出现了十几年前父亲带我们忙着栽梨树苗的情景……

妻子走过来，对我说：“把梨送给邻居吧！”我木然地拒绝，默默地拿起一只梨，皮也未削，一口咬下去，一股甘泉直入心田。

妻子见我如此神情，抢下我的梨，去厨房清洗、削皮。等她把去了皮的雪白的梨递给我时，我轻声说：“你也该尝一口，家里的梨真甜！”妻子或许听出我的话外之音，也削了一只吃起来。她刚吃一口，便惊讶地叫道：“这梨，怎么这么甜！”

父亲送来的梨，美美地喂足了我们今年因多雨而厌吃水果的胃。我奇怪，父亲是用什么方法种出如此甜津津的梨的。

过了几日，我和妻子回乡下看望父母。回到家，父亲没在，去了屋后的田里。我和母亲说起父亲送梨的事。母亲说：“对梨树呀，你爸可费神了。他早就从天气预报中听到今年雨水多，一开春，就请人在梨树周围竖起了四根竹篙。梨树挂果后，每逢雨天，他总是扯上塑料布替树遮雨，说这样长熟的梨可以原汁原味。他呀，早把这棵梨树当做自己的命根子了，有虫也不喷农药，宁愿自己站在凳子上，踮着脚捉虫，施的肥也是农家肥，说这样的梨才算是绿色食品。”

母亲还说：“你爸看着梨一天天长大成熟，常在嘴边念叨着一句话——人老了，不能为孩子们做些什么了，只有这树上的梨，能让他们甜甜心。”

听着母亲的话，我的眼里含满了泪水，透过窗户，望着院子里依然静立在梨树旁的竹篙，感觉那是一束束爱的光柱。

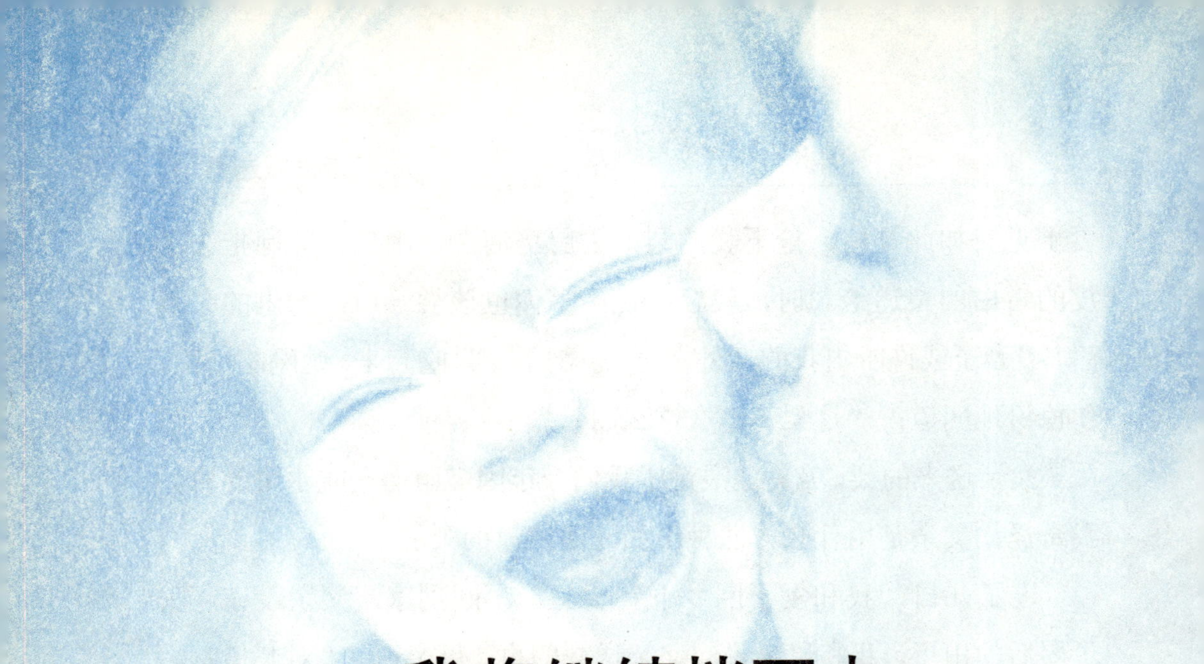

我将继续挡下去

秋日里那个星期天，难得男人有了空闲，他带着自己7岁的女儿去动物园玩。他们看了猴子、孔雀、狗熊、长颈鹿……感觉比较累，开始往回走。经过狮子洞的时候，女儿突然叫嚷着要看狮子。男人笑笑说："好。"灾难就是这样降临的。

他们倚着狮子洞上方的铁栏杆逗着狮子。那个位置，只能看到狮子的后背。7岁的女儿咯咯笑着，把脑袋探得很远。男人想提醒女儿小心，来不及张嘴，就看见女儿一头栽了进去。父亲慌忙伸手去抓，可是他什么也没抓到。那段铁栏杆，突然断了。女儿是抓着那段铁栏杆掉下去的。半空中她惊恐地叫了一声："爸爸！"后来动物园的负责人说，那几天连绵的秋雨，让那段陈旧的铁栏杆，加快了腐蚀的速度。

掉下去的女儿似乎被摔昏了，她躺在那里，紧闭着双眼。男人大叫："妞妞你没事吧，妞妞你没事吧？"他的喊声并没有叫醒女儿，反而惊动了狮子。狮子懒洋洋地站起来，先是看一眼落在它不远处的不速之客，然后，它突然兴奋起来，直奔小女孩而去。周围的人急了，有人慌忙拨打110，有人跑去找动物园的驯兽师，还有人高叫着，试图赶开正一步一步逼近女孩的狮子……没有用。现在狮子距离那个昏过去的女孩，仅一步之遥。

正在这时，男人突然做了一个让所有人都目瞪口呆的举动：他纵身一跃，跳了下去……

男人重重地摔倒，可是他马上爬起来。他正好落在女儿与狮子中间。他没有看自己的女儿，而是狠狠地盯着狮子。周围一下子安静了下来，人们甚至可以清晰地听到男人和狮子怦怦的心跳。

或许是他的镇定让狮子不安，也或许是他的样子让狮子恐惧，总之，在对视了几秒钟之后，狮子竟然慢慢地转过身，快快而去。

所有人都长舒一口气。剩下的事，就是他们静静地等在那儿，直到动物园来人把他们救出去。可是，故事在这里并没有结束。事实上，这个故事才刚刚开始……

女孩突然醒了。醒后的女孩看着陌生而恐怖的一切，竟“哇”地大哭起来，于是，刚刚躺下的狮子再一次被激怒，它慢慢站起来，然后，向女孩直扑过去！

狮子的血盆大口，此时距女孩的头只剩分毫，父亲看到狮子暗红的舌头和闪着寒光的牙齿……

男人迅速推开自己的女儿！他伸出自己的右臂，挡在狮子面前。其实这时他更像是把胳膊友好地递到狮子嘴里，也许那时男人在想，只要狮子的嘴里咬了什么东西，那么，它就会静下来吧！那么，它就不会继续伤害他的女儿了吧！那么，当它啃噬自己胳膊的时候，

动物园的驯兽师们，也许就会赶过来了吧！

他能够感觉狮子的利齿深深地扎进他的骨头。狮子咬着他的右臂，兴奋地甩着头，男人被抛起，然后重重地跌落。

狮子再一次盯着他的女儿。此时女孩已经退出很远，脸色苍白，似乎已经吓得忘记了哭泣。狮子一步步紧逼过去……

男人再一次爬起来，再一次扑向狮子，再一次在狮子呼着腥气的血盆大口距女儿仅剩分毫的时候，伸出胳膊挡在狮子面前。

这次是左臂。他的右臂已经动弹不得。他就那样伸出左臂，似乎要友好地送给狮子一顿美妙的晚餐。狮子愣了一下，再一次咬住了他的胳膊，开始了疯狂的撕咬……

动物园的驯兽师终于赶来。他们用了两个麻醉枪，才将狮子击倒。

男人躺在医院里，他两只胳膊的肌肉都被狮子撕烂，鲜血淋漓，并且严重骨折。

有人问他，那个时刻，为什么要用你的胳膊阻挡狮子？男人认真地想想，说，不知道。那时由不得多想，大概只剩下本能吧……父亲保护女儿的本能吧？

是的。那时仅剩下父亲的本能。而不必去细想，为女儿挡住的是一抹刺眼的阳光、一粒微小的灰尘、一辆飞驰的汽车，还是一头凶猛的狮子……

可是，假如动物园的人没有及时赶到，你还将怎么办呢？那个人继续问他。

那么，我将继续挡下去，用左腿、用右腿、用胸膛，以及脑袋……男人轻描淡写地说。

幸福的糖醋水

帕里斯是一名出色的大银行家，在他65岁生日的时候，亲戚朋友们从四面八方赶来为他祝贺，就连报刊和电台的记者也对他这次生日闻风而动。因为，帕里斯平时即使一个小小的举动，都有可能给金融市场带来一次震动。

生日宴会上，当帕里斯吹灭生日蜡烛，在金碧辉煌的大厅里与众多亲友举杯共庆的时候，一名记者微笑着向帕里斯提问。他说："帕里斯先生，你觉得一生最幸福的时刻是什么时候，是不是现在这一刻？"帕里斯送到嘴边的酒杯停住了，他立刻说："不，不是这样的时刻。这样的幸福我觉得很平常，我最幸福的时刻是在我13岁过圣诞节的那一刻，我这一辈子都不会忘记。"

所有的人都愣住了，帕里斯说——

我小的时候，对汽水非常向往，觉得那是一种很神奇的东西，因为，我看到有钱人家的小孩喝了那东西后，会站到大街上一个接一个地呕气，那长长的呕气，让我羡慕得要死。我经常想，什么时候，我也能喝上那种神奇的饮料，能站在大街上对着来来往往的行人呕气，那该是多么幸福的事情呀。

可是，我家里太穷了，穷得常常连饭都吃不上，哪还有钱买汽水呢？母亲知道我对汽水的渴望，对我许诺说，到圣诞节的时候，就给我买一瓶那种神奇的会让人呕气的饮料。

于是，我天天盼望着圣诞节的到来。母亲每天都忙忙碌碌的，公司一有加班的机会，她就抓住不放。

终于，圣诞的钟声敲响了。那天，在我家的饭桌上，饭菜并不比往常丰富，但是，我看到餐桌上多了一瓶汽水。我知道，那是母亲给我的圣诞礼物。

母亲微笑地看着我，她小心地拧开瓶盖，递给了我，我幸福地喝了一口，仔细地品味着舍不得咽下——原来，这种东西是一种酸酸甜甜的滋味呀。我伸长脖子，等待着呕出一口长长的气来，可等了好久，根本就呕不出气来。

母亲在一旁紧张地看着我，说："你喝得太少了，多喝一点再试试。"可是，那一瓶东西就那么多，我喝完了，母亲不是连尝尝的机会都没有了吗？我对母亲说："你也喝一口吧。"母亲说："我喝

过了，真的。”我不相信地看着母亲，然而，她一口也不肯喝。

为了能幸福地呕出那长长的气来，我每喝几口，都要等待一会儿，可是，直到我把那瓶酸酸甜甜的东西喝了个底朝天，我也没能呕出那幸福的气来。我疑惑地看着母亲，母亲也慌了，她说：“怎么会这样呢，经理说那东西就是这个味道的。”我看看那瓶子上的字，不错，就是我见过的那种能让人呕气的饮料瓶子呀。就在这个时候，母亲突然抱着我哭了起来，她说：“儿子，妈妈骗了你，那里面的东西，是妈妈自己制作的呀。”

原来，老板承诺圣诞节会发给妈妈加班的薪水。可圣诞节到来的时候，老板对母亲说，公司亏本，他根本没有钱再给妈妈发薪水了。也许，过了圣诞节，他的公司就会倒闭了。听了老板的话，无可奈何的母亲充满了惆怅。她突然问老板，汽水是什么味道。老板奇怪地看着母亲，耸耸肩说：“你问这个干什么？那是一种酸酸甜甜的东西，就像是糖和醋同时放到水里混合在一起的味道。”母亲指着老板桌子上的空汽水瓶说：“这个，可以给我吗？”

那天晚上，母亲用这个空汽水瓶子装上糖、醋和水。她尝了一小口，那种酸酸甜甜的味道很好喝。她想，也许，那种会让人呕气的饮料，就是用这些东西做成的吧。

听完母亲的话，我的眼里闪着泪花。我使劲地伸长脖子，咽下一口气又一口气，然后，真的呕出了一口长长的气来。我装作惊喜地对母亲说："妈妈，那些东西在我胃里面沉淀后，终于呕出气来了。你给我制作的这种酸酸甜甜的饮料，也会呕气呀。"

母亲的脸上挂着泪水，她说："是真的吗？帕里斯。"我说："是的，妈妈。"母亲说："儿子，我知道，你想呕气就能呕出来的呀。"母亲紧紧地把我搂在了怀里。

所以，我现在最喜欢喝的饮料，就是自己调配的糖醋水，里面充满着浓浓的亲情。

帕里斯的故事讲完了，金碧辉煌的大厅里静得能听见一根针掉下地的声音，许多人的眼里也和帕里斯一样噙着泪花。帕里斯端着酒杯对那名记者说："年轻人，我以我65年的人生经验告诉你，生命的幸福不在于环境、地位、财富和他所能享受到的物质。贫困的岁月里，人也能感受到幸福，也许，那种幸福还会让你的记忆更深刻。就像我喝的那瓶糖醋水，那里面的幸福和亲情，虽然普通，却是人世间最真实的味道呀。"

父背上的爱

曾经好多次被母爱感动，曾经无数次把母亲讴歌，可今天当我无意中在一张旧报纸上看到那张照片的时候，心却被照片上的父亲深深震撼了，这张看似平常的照片上有一个普普通通的父亲，他的背上背着自己的女儿，可是照片旁边却有一个耀眼的题目直射眼帘：十年，他背着女儿上学。

十年，多么艰辛而又漫长的时间，它足以使一个牙牙学语的婴儿长成一个翩翩少年；使一个少年走向辉煌的成年；使一个平凡的生命成就一番大事业。然而，这位父亲却用十年背女儿上学，从女儿一年级开始，直到现在，女儿已经上了高二，把一个 7 岁的小女孩，背成了一个 17 岁的大姑娘。

女儿是不幸的，3 岁时患上了小儿麻痹，尽管四处求医，但还是落下了残疾，然而，女儿却是最幸福的，因为父亲没有退却，没有失望，他用脊背勇敢地当起了女儿的拐杖，而且一当就是十年。

十年，三千六百多个日子，女儿换了三个学校，父亲搬了三次家，不管路有多难走，日子有多艰辛，父亲都没有迟到过一次。晴朗的日子，他迎着阳光背着女儿；风雨交加的时候，他顶着风雨背着女儿艰难地爬坡。女儿 7 岁，他背着女儿；17 岁，他依然把女儿从楼下背到楼上。十年，父亲笔直的脊背变成了一个弯曲的摇篮，可是，平凡的父亲仍然说：“她上到哪儿，我就背到哪儿”。

多么朴实，却又多么让人感动的一句话！

我也曾在一本书上看过一个父亲，他很富有，但面对残疾的女儿，他却选择了出钱悬赏。谁来背他女儿上学，谁就可以得到一笔很高的赏金。一个家境贫寒的男孩勇敢地走了出来，他顶着同学们的嘲笑和讽刺毅然背了女孩三年，直到女孩考上大学，他却把女孩父亲给他的钱退给了女孩，走上了打工路。岁月悠悠，女孩无论走到哪里，她永远无法忘记男孩背上的温暖……

我想照片中的女孩，她无论长多大，走多远，铭刻在她心里的永远是父亲的背，因为是他像一头不知疲倦的骆驼，驮着她

一步步走向理想的彼岸。

照片上的父亲是普通的，普通得走在人群里没人能认出他，然而他却用自己的背成就了一个不平凡的伟业。

照片上的父亲是贫穷的，贫穷的家里唯一的电器竟然是女儿学习的一盏节能灯，然而他却是世界上最富有的父亲，因为他的爱写在背上！

照片上的父亲是默默无闻的，然而，他却用最平凡、最朴实的爱，给自己的女儿打造了一个完美的世界！

寒风中，我仿佛又看见那位父亲依然吃力地背着女儿，走在上学的路上，走在灿烂的阳光下，走在皑皑的暮色里，走在一条永无止境的宽广的爱的路上……

小男孩的心愿

12 岁的鲁本是加拿大某地的一个小学生。这天他从一家商店经过时，橱窗里的一件商品使他怦然心动。可对这个孩子来说，这件标价五加元的东西实在是太贵了，因为这笔钱相当于他们全家人一周的开支。

虽说眼下自己一文不名，可鲁本仍推开这家商店的门走了进去，说：“我想买橱窗内的那件商品，不过，我现在没有钱，请您先别卖，给我留着好吗？”

“行。”店主微笑着对他说。

鲁本很有礼貌地告别店主，走出了商店。

他走着走着，突然从旁边一条小巷子里传来一阵敲打钉子的声音。鲁本循声朝施工场地走去。当地居民正在盖自己的住房，他们每用完一小麻袋钉子，就顺手把装钉子的麻袋给扔了。他早就听说有家工厂回收这种袋子，于是，他从这个工地捡了两条拿去卖了。

在回家的路上，他的小手里一直紧紧拿着两枚五分硬币，生怕掉了。

鲁本把两枚硬币放在铁盒里，藏在他家粮仓内的干草垛底下。

吃晚饭时，鲁本走进厨房。父亲正在补缀渔网，母亲已经摆好饭菜。母亲虽然一天到晚忙忙碌碌地洗衣做饭，耕地种菜，还得抽空儿给羊挤奶，可她总是乐呵呵的。

每天下午放学，鲁本总是先做家庭作业，再干完母亲交给他的家务活儿，然后一日不辍地到大街小巷去捡装钉子的麻袋。尽管不时受到饥寒困乏的折磨，可小鲁本依旧日复一日地走街串巷捡麻袋，因为购买橱窗内那件商品的强烈愿望始终激励着他，赋予他勇气和力量。

第二年五月的第二个星期天，他把藏在粮仓草垛底下的小铁盒取出来，用发抖的手小心地将里面的硬币倒出来，仔细数了一遍，仍不放心，又认真数了一遍。哇，只差二十分就凑够五加元啦！于是，他祈祷上帝保佑自己傍晚前能捡到对他来说至关重要的四条麻袋。随后，他把装钱的铁盒儿藏好，急匆匆地去寻找麻袋。夕阳逐渐沉没时，他一溜烟儿赶到那家工厂。此时，负责回收麻袋的人正准备关闭厂门。鲁本心急火燎地冲他喊道："先生，请您先别关门！"

那人转过身来，对脏兮兮、汗淋淋的小鲁本说："明天再来吧，孩子！""求求您啦，我今天说什么也得把这四个麻袋卖掉——我求求您啦！"耳闻孩子颤抖的哀求声，目睹孩子满含泪水的双眼，这个人不禁动了恻隐之心。

"你干吗这么急着要钱？"大人好奇地问。

"这是一个秘密，对不起，不能告诉您！"鲁本不肯泄露天机。

拿到四枚五分硬币后，鲁本含糊不清地向回收麻袋的人道了一声谢，便飞也似的跑回粮仓，取出铁盒儿，继而又拼尽全力，飞奔到那家商店，二话没说，便把一百枚五分硬币倒在柜台上。

鲁本汗流浃背地跑回家，撞开房门，冲了进去。"到这儿来一下，妈妈，请您赶快过来一下！"他扯着嗓子朝正在收拾厨房的母亲喊道。母亲刚一走到他的眼前，他便迫不及待地将自己用一年多的心血换来的珍宝放在妈妈的手里。妈妈轻轻打开包装纸，里面包着一个蓝天鹅绒首饰盒，盒内放着一枚心形胸针，上面镶着两个灿烂炫目的镀金大字"妈妈"。看到儿子在母亲节——五月第二个星期天——送给自己如此贵重的礼物，除了结婚戒指外没有任何贵重礼物的她热泪夺眶而出，一把将儿子紧紧搂在怀里……

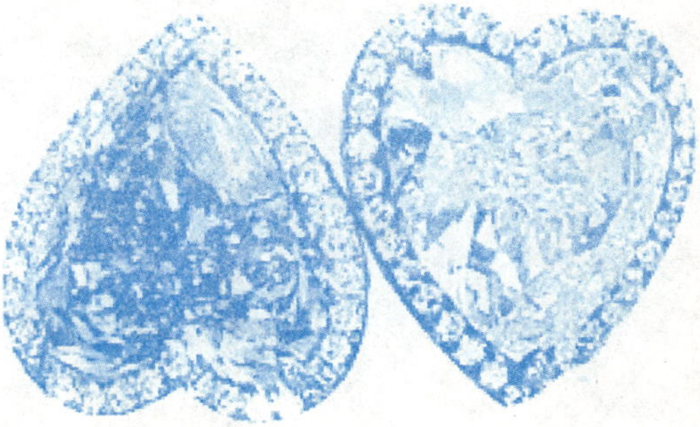

不做栋梁的理由

师范毕业以后，我在新昌一所偏僻的乡村小学教书。

在学校的院子里，生长着两棵树，一株是水杉，长得高大笔直；另一株是矮小弯曲的榆树。

有一次，我给孩子们上思想品德课，碰巧主题叫做“长大我要做栋梁”。我忽然想到，可以用院子里那两棵树作为活教材来启发孩子们。

我带着孩子们来到操场上，指着那棵水杉树对他们说：“长大做栋梁，就要像这棵水杉树一样，高大笔直，成为有用之材。”

我又指了指那棵榆树说：“同学们，你们千万不要像这棵榆树，矮小弯曲没出息。”

孩子们异口同声地回应

我："我们要做水杉树，长大成材做栋梁。"

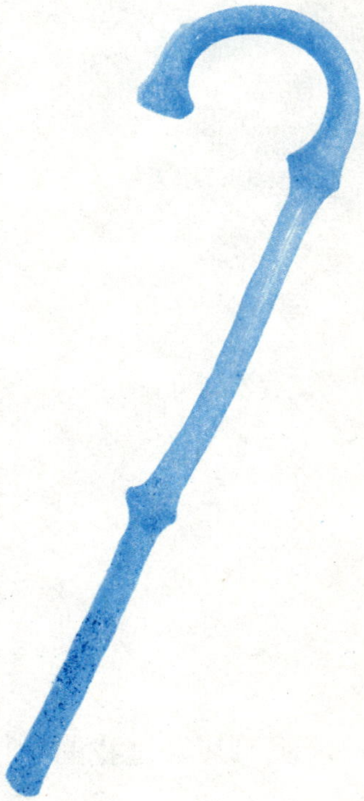

当孩子们喊完后，站在第一排的一个孩子突然举手喊道："老师，我不想学水杉树成为栋梁，我要做那棵弯曲的榆树。"

这不谐之音立刻引起其他同学一片哄笑，也令我惊愕不已。我很奇怪，这个平日里聪明好学的孩子，此时怎么会说出这样不上进的话呢？

小树不修长不直，孩子的人生观要从小培养。下课后，我解散了其他同学，把那个另类孩子单独叫到了办公室。

我怒气冲冲地问他："你为什么不好好地学做水杉树，偏要做榆树？"

孩子看到我生气，吓得哭了，他含着眼泪嗫嚅着说："弯曲的榆树不成材，可以做一个拐杖！"

"做拐杖有什么用呢？"我缓了缓语气问他。"我妈妈得了半身不遂，走路老跌倒。我要做拐杖，就可以扶着她不会让她再摔倒了。"孩子说。

那一刻，我的怒气烟消云散，并对这个没有远大志向的孩子肃然起敬。

五一是几号

爹一共来过我的学校两次，两次都让我丢尽了脸面。

第一次，爹送我报到，走到大学校门口，咳嗽一声，往地上重重地吐了一口痰，用他山里人的嗓门儿冲我吼道：“老丫头，给爹念念，这木牌子上写的啥玩意儿？”我看见好多道含义复杂的目光，全都落在我和爹的身上，好像我们是怪物。这些目光烤得我脸红心跳，我跺跺脚，没理爹，快步跑进了校园。

爹根本没发现我已经不高兴，迈着大步，“咚咚咚”地从后面追上来。走向宿舍的一路上，爹非常兴奋，只要遇到人，不管人家理没理他，他都扯着嗓门儿，用手指着身边的我，自豪地说：“她是我的老丫头，从小就是学习的材料，所以考上了大学。”

最后，我实在忍不住，带着怨气喊了一声：“爹！”爹却不以为然，在宿舍里，对同学们又将我介绍了一遍。然后，爹卷一支旱烟，心满意足地吸了两口。

爹第二次来是在一年前的“五一”前夕，同宿舍的姐妹们正在议论“黄金周”的计划。爹没有敲门，“咣当”一声推开宿舍门就闯了进来，惹得姐妹们一阵惊叫。

爹一点儿也没意识到，一进门就喊我：“老丫头，我带的山野菜你吃没吃完？你妈让我给你再送一袋子。”我看看姐妹们，再看看爹，脸上一阵发烧。

爹打开口袋，用手从袋子里捧出一把把野菜，自作主张地放在姐妹们的床上，还不厌其烦地说：“菜已经用盐腌好了，拿热水泡一泡，就能下饭吃。”

爹送完了礼物，卷一支旱烟，毫不理会姐妹们捂住了鼻子和嘴，坐在我的床上吸起来。听见姐妹们说“黄金周”旅游的事，他站起身问道：“‘黄金周’是啥玩意儿？”

一个姐妹憋住笑告诉他：“五一就是‘黄金周’，学校要放假。”

爹就更加纳闷儿，问：“好端端的，学校为啥要放假？”

大家都笑了起来，一个姐妹忍住笑说：“因为是‘五一’劳动节，所以学校才放假。”

爹又问：“‘劳动节’是什么节？”

我无法忍受爹再这样问下去，抢着告诉他：“‘劳动节’就是‘五一节’，全世界劳动者的节日。”

爹似乎明白了，点着头，从嘴里吐出一口浓浓的烟，突然又问：“劳动者是些啥人呢，谁答应让他们过节的？”

爹说完这句话后，宿舍里的姐妹们再也忍不住，一齐发出了响亮的笑声。爹也咧开嘴笑了笑，摸着自己的脑袋问我：“老丫头，那个‘劳动节’，就是‘五一节’，是几号？”我羞愧得满脸通红，眼泪就流了下来。

爹没看到我的泪水，又接着问姐妹们：“旅一次游得花多少钱？”

爹离开学校五天后，我收到了他寄来的三百元钱，在附言里写着“旅游”两个字。

半个月后，我收到了爹的信。爹不识字，信是我的小学老师代写的。在信里，爹问我寄的钱是否收到。爹还说，爹的老丫头和别人比，不缺啥也不少啥，人家去旅游，你也得去旅游，钱可能不太够，找便宜的地方去旅游吧。在信里，爹还说他知道了“五一”是5月1日，他还知道了，原来自己也是一个劳动者。最后，爹让我放心去旅游，不用惦念家里。在信纸的背面还写着一句话：祝老丫头“劳动节”快乐！

我没想到暑假回到家时，竟然看见爹瘸了一条腿。爹看见我有些慌张，咧开嘴笑了笑，响亮地冲着屋子里喊：“她娘，赶紧杀鸡，咱们的老丫头回来了！”

娘告诉我，爹的腿是在崖上采山野菜时摔的，那崖很陡，但长的野菜很新鲜，一看就知道能卖好价钱。娘还说：“你爹盼着多采些野菜，好快点还上那三百元钱的债！”

爹从此再也没来过我所在的学校。

血色母爱

她们真的累了，饥饿和寒冷的痛苦紧紧纠缠着她们，把她们折磨得疲惫不堪。

在这样一个深可没膝的雪堆里艰难跋涉了四十多个小时的这对母女，后悔着当初本应该听从教练的警告，不要擅自偏离插满小彩旗的滑雪道，不然就容易迷路。她们还后悔，当初不应该穿这件银白色的羽绒服来滑雪，以至于在这个冰天雪地里，滑雪俱乐部派出的直升机都找不到跟白雪有着一样颜色的她们。

也许在这个时候，女儿才是最后悔的。若不是她平时总是闷闷不乐，作为清洁工的母亲也不会拿出自己几个月微薄的薪水，带她来阿尔卑斯山滑雪，逗她开心。可是母亲怎么也想不到，女儿平日里的不开心，是因为有一个卑微的做清洁工的母亲。

几天几夜，母女俩在这片苍白的雪山里艰难地寻找着生存的方向。她们发现好几架救援直升机从天空掠过，但无论她们如何向直升机示意，始终没有人能发现她们。走着走着，体力不支的母亲一个踉跄，脑袋栽在了石头上，鲜血立即涌了出来。而此时女儿已经昏睡过去了。

这个时候，天空中再次飞来了一架直升机。霎时，母亲的脑海里闪过一个可怕的念头，她抓起身边的一块岩石碎片，放在自己的左手腕上，用力地割了下去！鲜红滚烫的血液从母亲的左动脉滚滚流出，染红了她身旁冰白的雪地。接着，她支撑着她最后的一点儿力气，在血迹中爬了十几米的距离，为的是想让救援直升机能够发现她们的位置。最后，母亲那没有温度的身躯终于倒在了那片醒目的血泊中……女儿醒来的时候已经躺在了医院里，医生告诉了她所有的事实。在迟迟得不到救援的生死关头，母亲以一种感天动地的行为，用自己动脉里流淌的鲜血为女儿指引了生命的方向！

女孩终于心痛地明白，自己原来一直都拥有一份人世间最珍贵的财富，那就是比血更浓的母爱！

遇难者的第三个电话

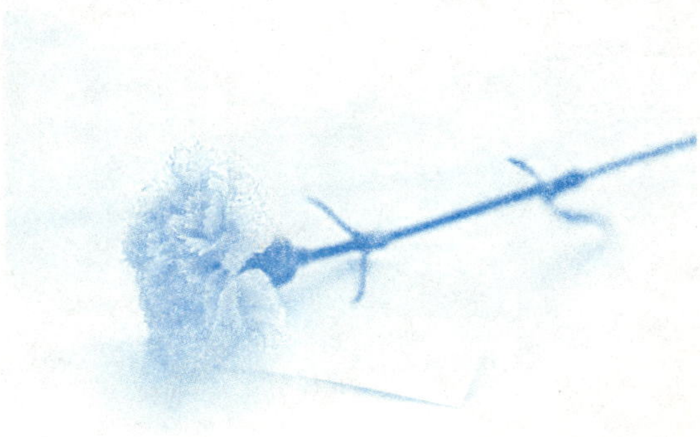

当恐怖分子的飞机撞向世贸大楼时，银行家爱德华被困在南楼的五十六层。他清醒地意识到自己已没有生还的可能。

爱德华迅速按下第一个电话。刚举起手机，楼顶突然坍塌，一块水泥板重重地将他砸翻在地。他一阵眩晕，知道时间不多了，于是改变主意按下第二个电话。可还没等电话接通，他想起一件更为重要的事情，又拨通了第三个电话……

爱德华的遗体在废墟中被发现后，亲朋好友沉痛地赶到现场，其中有两个人收到过爱德华临终前的手机信号，可遗憾的是，两人都没有听到爱德华的声音。他们查了一下，发现爱德华遇难前曾拨出三个电话。

第三个电话是打给谁的？他在电话里说过什么？爱德华无儿无女，又在五年前结束了他失败的婚姻，如今只有一个瘫痪的老母亲，住在旧金山。

当晚，迈克律师赶到旧金山，见到了爱德华悲痛欲绝的母亲。律师流着泪说：“请原谅。夫人，我想我有权知道电话的内容，这关系到您儿子庞大的遗产的归属权问题，他生前没有立下相关遗嘱。”可母亲摇摇头说：“爱德华的遗言对你毫无用处，先生。我儿子临终前已不关心他留在人世的财富，只对我说了一句话……”

不久，美国一家报纸在醒目的位置刊登了“9·11”灾难中一名美国公民的生命留言：

“妈妈，我爱你！”

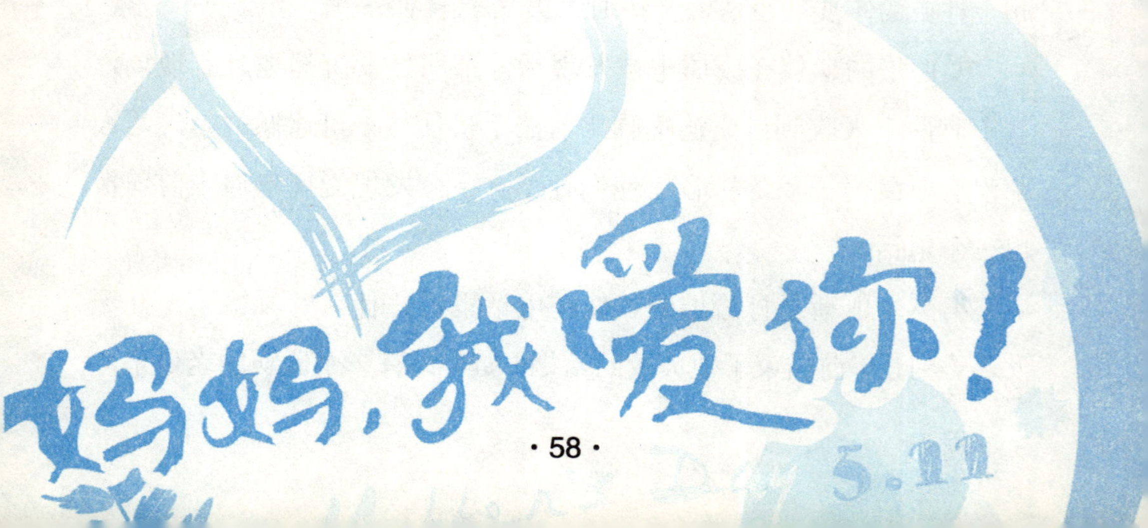

为爱种一片森林

法国南部马尔蒂夫的小镇上，有一位名叫希克力的男孩。在他16岁那年，相依为命的父亲不幸患上了一种罕见的肺病。希克力陪同父亲辗转各大医院，医生们都束手无策，只是建议说："如果病人能生活在空气新鲜的大森林里，改善呼吸环境，或许会有一线生机。"但这到底有多少希望，他们也不清楚。

遗憾的是，希克力父亲的身体已经非常虚弱，无法忍受长途旅行去有森林的地方生活。看着父亲的病越来越重，希克力心急如焚。突然，他灵机一动："我为什么不自己种植一些树呢？等这些树长大了，也许父亲的病就真的好起来了。"

父亲听说儿子要为自己种树后，很是感动，却苦笑着对希克力说："我们这里缺少水源，气候干燥，土壤贫瘠，让一棵树存活谈何容易？还是算了吧！"但希克力还是暗暗下定决心，一定要在自家门前种出一片茂密的树林来，因为这是唯一让父亲的生命得以延续的方法。

从此，希克力攒下父亲给他的每一分零花钱，有时早餐都舍不

得吃，周末他还会到镇上去卖报纸或者做些小工。攒了一些钱后，希克力就乘车到200多英里外去买树苗。卖树苗的老板杰斐逊劝他不要做无用功，因为小镇自然条件恶劣，树木很难成活。

可是当得知希克力是为了拯救父亲的生命时，他被深深地感动了。此后，他卖给希克力的树苗常常收半价，有时还会送给他一些容易成活的树苗，并教他一些栽培知识。

希克力在自家门前挖坑栽培，吃力地提着一桶桶水灌溉树苗。由于当地干旱少雨，土壤缺乏养分，大部分树苗种下后很快就干枯死去。镇上的很多人都劝希克力放弃这个“愚蠢”的想法，但他总是一笑了之。每天早晨，希克力起床的第一件事就是去看看树苗有没有枯死，长高了多少。一年下来，他最初栽下的100多株树苗成活了43株。

此时的希克力已经高中毕业了，但为了照顾父亲，他主动放弃了上大学的机会。有人说希克力神经错乱，有人说他太迂腐，更没有人相信这些跟人差不多高的植物能够挽救一个连医生都治不好的病人。希克力从不把这些流言蜚语放在心上，只是一如既往地种着树苗。

一年又一年过去了，希克力种的树苗越来越多，许多树苗已渐渐长高长粗。希克力经常搀扶着父亲去树林里散步，老人的脸上也渐渐有了血色，咳嗽比以前少多了，体质大为增强。

此时，再没有人讥笑希克力是疯子了，因为所有居民都亲眼目睹了绿色树木的魔力。树林带来了新鲜的空气，引来了歌唱的小鸟，小镇变得越来越美丽了。

希克力种树拯救父亲生命的故事在巴黎国际电视台第六频道播出后，不少媒体纷纷转播。许多人被希克力的孝顺、爱心、挑战自然的勇气，以及不屈不挠的精神感动得热泪盈眶。一些绝症患者还向希克力索要树叶，说那是象征着生命的绿色。

小镇的人也纷纷投入到种树的行动中，树林越来越多，面积扩大到了数百公顷，放眼望去，小镇四周都是绿色的屏障。

2004 年，39 岁的希克力被巴黎《时尚之都》杂志评为法国最健康、最孝顺的男人。令希克力欣喜万分的还不止这些。2005 年初，医学专家对希克力父亲再次诊治时发现，老人身上的肺部病灶已经不可思议地消失了，他的肺部如同正常人一样。

医生感慨地说："在这个世界上，爱是最神奇的力量，有时它比任何先进的医疗手段都有效！"是呀，只要心中有爱，无论在多么贫瘠的土壤里，都能长出最粗壮的树木。

谁也不能改变我的承诺

快下班时，百事可乐公司的总裁卡尔·威勒欧普先生接到了市长邀请他参加晚宴的电话。他毫不犹豫地谢绝道：“很抱歉，我已经说好今天晚上陪女儿过生日，我不想做一个失约的父亲。”

走出办公大楼，卡尔给女儿买了生日礼物，驱车直奔市中心新开业的游乐园，去那里与妻子一道为女儿过生日。

为避免受到打扰，卡尔和妻子都关了手机，他们全心全意地陪伴着女儿，开心地享受着这个愉快的晚上。

就在卡尔兴致勃勃地陪着女儿切生日蛋糕时，一位机要助理匆匆地赶来了。他把卡尔叫到一旁，小声地汇报有一位非常重要的客户，很想在这个晚上和他见一面。

“可是，我早已答应了我的女儿，今天整个晚上都会陪在她身边。”卡尔面露难色。

“客户确实事先没有约定。可是他只在此地作短暂的停留，是临时决定要拜会总裁的……”

助理委婉地解释。

怎么办？一边是正玩得开心的女儿，而另一边是等待着会见的公司重要客户。

卡尔没有犹豫，转身告诉助理：“我觉得我还是应该留下来陪女儿，你去接待一下客户，并替我转达真诚的歉意，跟他另约好时间，届时我会亲自登门拜访。”

“卡尔先生……”助理提醒着总裁，这个客户实在太重要了，丝毫不能得罪的。要不然助理就不会匆匆地来找他了。

“爸爸，您先去会客吧，有妈妈陪，我一样很快乐。”得知内情的女儿十分理解父亲，催促父亲去见客户。

“不，我说过，我不想做个失约的父亲。今天晚上，市长的宴请和客户的约见，确实都很重要，但我一个月前向女儿许下的诺言更重要，谁都不能改变我作出的承诺。”卡尔一脸的坚决，让助理打消了继续劝说的念头。

第二天，卡尔上班做的第一件事，就是打电话向那位客户道歉。客户非但没有生气，反而由衷地赞叹道：“卡尔先生，其实我要感谢您啊，是您的行动，让我记住，什么是一诺千金。我明白百事可乐公司成功的原因了。”

此后，卡尔和这位客户竟成为了最亲密的合作伙伴，甚至在公司经营遭遇最困难的时候，也不曾动摇对彼此的信任。

平分生命

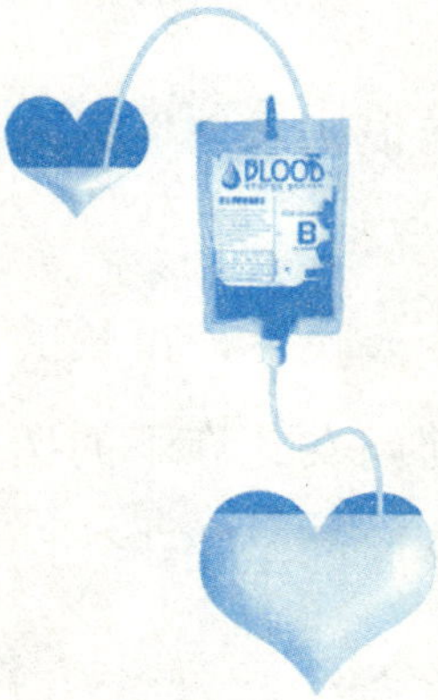

男孩与他的妹妹相依为命。父母早逝，他是她唯一的亲人。然而灾难再一次降临在这两个不幸的孩子身上。妹妹染上了重病，需要输血，但医院的血液太昂贵，男孩没有钱支付任何费用，尽管医院已免去了手术的费用。

作为妹妹唯一的亲人，男孩的血型与妹妹的相同。医生问男孩，是否有勇气承受抽血时的疼痛。男孩开始犹豫，10 岁的大脑经过一番深思熟虑，终于点了点头。

抽血时，男孩安静地不发出一丝声响，只是向邻床的妹妹微笑。抽血后，男孩躺在床上一动不动，一等手术完毕，男孩停止了微笑，声音颤抖地问："医生，我还能活多长时间？"医生正想笑男孩的无知，但转念又被男孩的勇敢震撼了：在 10 岁男孩的脑中，他认为输血会失去生命，但他仍然肯输血给妹妹，在男孩作出决定的一瞬间，需要多么大的勇气——他下定了死亡的决心。

医生的手心渗出了汗，他握紧男孩的手说："放心吧，你不会死的。输血不会丢掉生命。"男孩眼中放出了光彩："真的？我还能活多少年？"医生微笑着，充满爱心，说："你能活到100岁，小伙子，你很健康！"

男孩从床上跳到地上，高兴得又蹦又跳。他在地上转了几圈确认自己真的没事时，就又抬起了胳膊——刚被抽血的胳膊，昂起头郑重其事地对医生说："那把我的血抽一半给妹妹吧，我们两个每人活50年！"

没有人能独自成功

李建文

15世纪，在纽伦堡附近的一个小村子里住着一户人家，家里有十八个孩子。光是为了糊口，一家之主、当金匠的父亲丢勒几乎每天都要干上18个小时——或者在他的作坊，或者替他的邻居打零工。

尽管家境如此困苦，但丢勒家年长的两兄弟都梦想当艺术家。不过他们很清楚，家里没有能力让他们到纽伦堡的艺术学院去学习。

经过无数次的私议，他们决定掷硬币——输者要到矿井下矿四年，用他的收入供给到纽伦堡上学的兄弟；而胜者则在纽伦堡就学四年，然后用他卖作品的收入支持兄弟上学。

结果，阿尔勃累喜特·丢勒赢了，于是他离家到纽伦堡上学，而艾伯特则下到危险的矿井，以便在今后四年资助他的兄弟。阿尔勃累喜特在学院很快引起人们的关注，他的铜版画、木刻、油画远远超过了他教授的成就。到毕业的时候，他的收入已经相当可观。

当年轻的画家回到他的村子时，全家人在草坪上祝贺他衣锦还乡。音乐和笑声伴随着这顿长长的值得纪念的会餐。吃完饭，阿尔勃累喜特从桌首荣誉席上起身向他亲爱的兄弟敬酒，因为他多年来的牺牲使自己得以实现理想。

“现在，艾伯特，我的兄弟，现在你可以去纽伦堡实现你的梦，该我来照顾你了。”阿尔勃累喜特以这句话结束他的祝酒词。

大家都把期盼的目光转向餐桌的另一端，艾伯特坐在那里，泪水从他苍白的脸颊上流下，他连连摇着低下去的头，呜咽着再三重复：“不……不……不……”

最后，艾伯特起身擦干脸上的泪水，低头瞥了瞥长桌前那些他挚爱的面孔，把手举到额前，柔声地说：“不，兄弟。我不能去纽伦堡了。这对我来说已经太迟了。看……看一看四年的矿工生活使我的手发生了多大的变化！每根指骨都至少遭到一次骨折，而且近来我的右手被关节炎折磨得甚至不能握住酒杯来回敬你的祝酒，更不要说用笔、用画刷在羊皮纸或者画布上画出精致的线条。不，兄弟……对我来讲这太迟了。”

为了报答艾伯特所做的牺牲，阿尔勃累喜特·丢勒苦心画下了他兄弟那双饱经磨难的手，细细的手指伸向天空。

他把这幅动人心弦的画简单地命名为《手》，但是整个世界立即被他的杰作所征服，把他那幅爱的作品重新命名为《祈求的手》。

当你看见这幅动人的作品时，请多花一秒钟看一看。它会提醒你，没有人——永远也不会有人能独自取得成功。

无法不对你残酷

安 宁

弟弟到北京读大学的时候是 17 岁，在父母眼里，只不过是个孩子。母亲便打电话让我回去接他，我想起我当初到北京时也和他一样大，便很坚决地拒绝了。

弟弟对我的无情，很是不悦，但父母目不识丁，也只能依靠自己。我能想象出他从小县城到市里坐火车，而后在陌生的火车站连票都不知道去哪儿买的种种艰难，但我只淡淡告诉他一句“鼻子下有嘴”，便挂掉了电话。

他一个人提着大包小包，在火车站候车室里坐到外面的灯火都暗了，终于还是忍不住给我打了电话。我听着那边的弟弟几乎是以哭诉的语气提起周围几个老绕着他打转的小混混，我劈头问道：“车站民警是干什么的？明天车站见！”

弟弟高声丢给我一句：“到车站也不用你接，用不着求你！”

我说："好，正巧我也有事。"我举着电话，听见那边嘈杂的声音里，弟弟低声的哭泣，有一刹那的心疼，但想起几年前那个到处碰壁又到处寻路的自己，还是忍住了，轻轻将电话挂掉。

弟弟是个不善言辞又羞涩的男孩，普通话又说得那么蹩脚，扫一下眉眼，便知道是乡村里走出来的少年，亦应该像我当初那样，不知道使用敬辞，问路都被人烦吧。他一个人在火车上，不知道厕所在哪儿，水都不敢喝。又是个不舍得花钱的孩子，八个小时的车程，他只啃了两袋方便面。下车后不知道怎么走，被人流裹挟着，竟连出站口都找不到。总算是出来后，一路上挤公交车，没听到站名，坐过了站，又返回去。

等到在大学门口看见我笑脸迎上来时，他的泪一下子流了出来。看着这个瘦弱青涩的少年，嘴唇干裂，头发蓬松，满脸的汗水，额头上不知在哪儿划破了一道轻微的伤痕，我终于放下心来，抬手给他温暖的一掌，说："祝贺你，终于可以一个人闯到北京来。"

临走的时候，我只给他留了两个月的生活费。我看他站在一大堆衣着光鲜的学生群里，因为朴素而显得那么得落寞和孤单，多么像刚入大学时的我，因为卑微，进而自卑。我笑笑，说："北京是残酷的，也是宽容的，只要你用心且努力，你也会像姐姐那样，自己养活自己。"我知道年少的弟弟，对于这句话，不会有太多的理解，他只是难过，为什么那么爱他的姐姐，在北京待了只是几年，便变得如此不近人情？

一个月后，弟弟打来电话，求我给他找份兼职。

我说：“你的同学也都有姐姐可以找吗？”

他是个敏感的男孩，没说什么话，便啪地挂断了。顷刻，母亲的长途便打过来。我最终还是答应母亲，帮助弟弟。但也只是写了封信，告诉他所有可以收集到兼职信息的方法。这些我用了四年的时间积累起来的无价的“财富”，终于让弟弟在一个星期后，找到了一份在杂志社做校对的兼职。

我在他领了第一份工资后，去赖他饭吃。他仔细地将要用的钱算好，剩下的只够在学校食堂里吃顿“小炒”。但我还是很高兴，不住地夸他，他低头不言语，吃了很长时间，他才恨恨吐出一句话：

“同学都可怜我，这么辛苦地自己养活自己。别人都上网聊天，我还得熬夜看稿子。挣的又这么少，连你工资的零头都不到。”

我笑道：“可怜算什么，我还曾经因丢了五十元钱哭了一天被人耻笑，没人知道那是我一个月的伙食费。我不愿向人借，可是抵不住饥饿，我就在学校食堂里给人帮忙，才总算有了饭吃。你在现实面前，如果不厚起脸皮，连走路的力气都没有。”

之后的日子，弟弟很少再打电话来，我知道他开始“心疼”钱，亦知道他依然在生我的气，因为有一次我打电话过去，他不在，我让同学转告他，他在大学做老师的姐姐打过电话问他好。他的舍友很惊讶地说，他怎么从来没有给我们说过有个在北京工作的姐姐呢？我没有给他们解释，我知道他依然无法理解我的无情，且以这样的方式将自己原本可以引以为傲的姐姐淡忘掉。就像我在舍友们谈自己父母多么的大方时，会保持沉默且怨恨自己的出身一样。嘲弄和讽刺，自信与骄傲，都是要经历的，我愿意让它们一点点地在弟弟面前走过，这样他被贫穷折磨着的心，才会愈加地坚韧且顽强。

学期末的时候，我们再见面，是弟弟约的我，在一家算得上档次的咖啡屋里，他很从容地请我“随便点”。我看着面前这个衣着朴素但却自信满满的男孩，他的嘴角，很持久地上扬着，言语，亦是淡定沉稳，眉宇里，竟是有了点儿男人的味道。他终于不再是那个说话吞吐遇事慌乱的小男生，他在这短短的半年里，卖过杂志，做过校对，当过家教，刷过盘子；而今，他又拿起了笔，记录青春里的欢笑与泪水，并因此换得更高的报酬和荣誉。他的成熟，比初到北京的我，整整提前了一年。

我们在开始飘起雪花的北京，慢慢欣赏着这个美丽的城市。我们在它的上面，为了有一口饭吃，曾经一次次地碰壁，一次次地被人嘲笑，可它还是温柔地将我们接纳，不仅给我们的胃以足够的米饭，而且给我们的心那么切实的慰藉和鼓励。

没有残酷，便没有勇气，这是生活教会我的，而我，只是顺手转交给了刚刚成人的弟弟。

目　送

龙应台

华安上小学第一天，我和他手牵着手，穿过好几条街，到维多利亚小学。

九月初，家家户户院子里的苹果树和梨树都缀满了拳头大小的果子，枝丫因为负重而沉沉下垂，越出了树篱，勾到过路行人的头发。

很多很多的孩子，在操场上等候上课的第一声铃响。小小的手，圈在爸爸的、妈妈的手心里，怯怯的眼神，打量着周遭。

他们是幼稚园的毕业生，但是他们还不知道一个定律：一件事情的结束，永远是另一件事情的开启。

铃声一响，顿时人影错杂，奔往不同方向，但是在那么多穿梭纷乱的人群里，我无比清楚地看着自己孩子的背影——就好像在一百个婴儿同时哭声大作时，你仍旧能够准确听出自己那一个的位置。华安背着一个五颜六色的书包往前走，但是他不断地回头；好像穿越一条无边无际的时空长河，他的视线和我凝望的眼光隔空交会。

我看着他瘦小的背影消失在门里。

十六岁，他到美国作交换生一年。我送他到机场。告别时，照例拥抱，我的头只能贴到他的胸口，好像抱住了长颈鹿的脚。他很明显地在勉强忍受母亲的深情。

他在长长的行列里，等候护照检验；我就站在外面，用眼睛跟着他的背影一寸一寸往前挪。终于轮到他，在海关窗口停留片刻，然后拿回护照，闪入一扇门，倏乎不见。

我一直在等候，等候他消失前的回头一瞥。但是他没有，一次都没有。

现在他二十一岁，上的大学，正好是我教课的大学。但即使是同路，他也不愿搭我的车。即使同车，他戴上耳机——只有一个人能听的音乐，是一扇紧闭的门。

有时，他在对街等候公车，我从高楼的窗口往下看：一个高高瘦瘦的青年，眼睛望向灰色的海；我只能想象，他的内在世界和我的一样波

涛深邃，但是，我进不去。一会儿公车来了，挡住了他的身影。车子开走，一条空荡荡的街，只立着一只邮筒。

我慢慢地、慢慢地了解到，所谓父母子女一场，只不过意味着，你和他的缘分就是今生今世不断地在目送他的背影渐行渐远。你站立在小路的这一端，看着他逐渐消失在小路转弯的地方，而且，他用背影默默告诉你：不必追。

我慢慢地、慢慢地意识到，我的落寞，彷佛和另一个背影有关。

博士学位读完之后，我回台湾教书。到大学报到第一天，父亲用他那辆运送饲料的廉价小货车长途送我。

到了我才发觉，他没开到大学正门口，而是停在侧门的窄巷边。卸下行李之后，他爬回车内，准备回去，明明启动了引擎，却又摇下车窗，头伸出来说："女儿，爸爸觉得很对不起你，这种车子实在不是送大学教授的车子。"

我看着他的小货车小心地倒车，然后噗噗驶出巷口，留下一团黑烟。直到车子转弯看不见了，我还站在那里，一口皮箱旁。

每个礼拜到医院去看他，是十几年后的时光了。推着他的轮椅散步，他的头低垂到胸口。

有一次，发现排泄物淋满了他的裤腿，我蹲下来用自己的手帕帮他擦拭，裙子也沾上了粪便，但是我必须就这样赶回台北上班。

护士接过他的轮椅，我拎起皮包，看着轮椅的背影，在自动玻璃门前稍停，然后没入门后。

我总是在暮色沉沉中奔向机场。

……

火葬场的炉门前，棺木是一只巨大而沉重的抽屉，缓缓往前滑行。没有想到可以站得那么近，距离炉门也不过五公尺。雨丝被风吹斜，飘进长廊内。我掠开雨湿了前额的头发，深深、深深地凝望，希望记得这最后一次的目送。

我慢慢地、慢慢地了解到，所谓父母子女一场，只不过意味着，你和他的缘分就是今生今世不断地在目送他的背影渐行渐远。你站立在小路的这一端，看着他逐渐消失在小路转弯的地方，而且，他用背影默默告诉你：不必追。

沉睡的大拇指

威尔逊

盖尔的爷爷去世时，右手的大拇指依然沉睡在掌心里。这根大拇指已整整蜷曲了16年。开始5年，它是刻意蜷曲，但余下的11年，它却无法恢复原样……

从盖尔出生的那天起，他的爸爸妈妈就开始为他担心了，因为盖尔左手的小指旁边多长了一根指头。医生说至少要等到盖尔7岁时，才能做第六指切除手术。

盖尔3岁时上了幼儿园。第一天回家，他哭着问："为什么我比其他小朋友多了一根手指头？迪克说我是怪物。"

大家都沉默了。盖尔的伤心和自卑令爷爷感到深深的不安。突然，他的眼睛掠过钢琴

架上的一尊手雕，大拇指用力地压在掌心里。

爷爷会心一笑，对盖尔说："宝贝，你看爷爷右手的大拇指，从你出生的那天起，它就开始睡觉了，到现在都不肯起来。"

爷爷边说边伸出右手，把大拇指藏在掌心，然后让掌心朝下，并把盖尔的左手掌心朝下，当两只手合在一起的时候，正好十个手指，不多也不少。

"你的大拇指偷懒，所以我就替你长了一根手指，对吧，爷爷？"天真的盖尔开心地笑了。他充满了自豪，原来他的第六根手指担负着重大的责任，是来帮助爷爷的。

爷爷迅速地把这件事告诉了大家：盖尔帮爷爷长了一根大拇指。从此，小朋友非但不再嘲笑他，还很佩服他。

从那以后，只要见到盖尔，爷爷右手的大拇指就会条件反射般地蜷曲进掌心，并习惯地用四根指头吃饭做事。不熟悉的人还真以为爷爷的手原本就是那样的。

而盖尔对自己的第六指便特别关爱，冬天的时候还特意涂上一层厚厚的防裂霜。他觉得这是爱爷爷的一种表现。

时光匆匆，父母再次把盖尔带到医院说可以切除第六指时，盖尔大哭起来："这是我帮爷爷长的手指，不能切除！除非爷爷的大拇指醒来。”

可是爷爷的手指5年来一直蜷曲在手心，变形萎缩，重新掰直已不可能。尽管如此，这5年却让盖尔度过了幸福快乐的童年。

当爷爷知道盖尔拒绝切除第六指的原因后，一股暖流涌上心头。他找来纱布，把大拇指缠住，说他动了手术，手指马上可以伸直了，盖尔的第六指已经完成了历史使命。

盖尔听话地随父母去了医院，手术很成功。而爷爷的大拇指虽然用纱布缠了很久，却始终无法伸展。盖尔度过了美好的少年时代，长成了一个英俊开朗的少年，并以优异的成绩考取了医学院。

在盖尔大学二年级的时候，爷爷永远离开了他。当父母将大拇指的真相告诉盖尔时，盖尔受到了前所未有的震撼！沉睡的大拇指给了他完整的人生，还真真切切地告诉他什么是伟大的亲情。

20年后，盖尔成为一名人体器官学教授，他对手指的研究在国际医学界首屈一指，爷爷那沉睡的大拇指永远活在他的心中！

小站歌声

子夜时分，山村的小站昏暗静谧。苗禾老师提着行李来到站台，像触电般浑身颤抖起来。

她本想在夜深人静时悄悄离开山村，没想到全班 40 多个孩子全站在这里为她送行。

站牌下，放着一篓子山核桃，篓把上贴着个红双喜字。这是山里人祝贺新婚的礼节。

三天前，她去了趟县城，回到山村，她对孩子们说，要和远离千里的男朋友举办婚礼。婚后，她就在那里定居了。

孩子们舍不得她，却没张口将她挽留，只将一串串难舍难离的泪水洒下。

远处传来列车的长鸣。

40 多个孩子含着泪水，像一棵棵被雨水浇伤的禾苗一样，凄悲地立着。

班长说：“咱们为苗老师唱一首《好人一生平安》吧。”

歌声在夜空中响起：

有过多少往事／仿佛就在昨天／有过多少朋友／仿佛还在身边／也曾心意沉沉／相逢是苦是甜／如今举杯祝愿／好人一生平安……

这歌声，低沉悲哀。这是孩子们真诚的祝愿。

这歌声像让泪水滤过似的，苗老师失声痛哭起来。列车徐徐开走了，她却留了下来。

孩子们永远不知道，她不是要去结婚的。三天前，她去县城体检，她患了白血病。

数日后，山洪暴发，放学时，她背着学生过河，一头栽下去就再也没有起来。

山里的所有人打着火把，沿河找了几十公里才找到她的尸体。孩子们找来五颜六色的不知名的野花，簇拥着她，抬着她，一路无语。

山区的夜依然静谧无声……

夜深了，孩子们说什么也不愿离去，一遍又一遍地唱着《好人一生平安》……

永远的第十一位教师

和孩子们依依不舍地送走第十位教师后，人们寒心地说，再不会有第十一位教师能留下来了。

一所偏远的山村学校，因办学条件差，一年内已经先后走了七八位教师。乡里实在派不来教师，乡亲们只好临时请了一位刚刚毕业、等待分配的女大学生代一段时间课。

三个月后，女大学生的分配通知到了。在女大学生含泪告别纯朴的山民走下山坡的时候，她背后突然传来孩子们朗朗的读书声：

离离原上草，一岁一枯荣。野火烧不尽，春风吹又生……

那声音在山谷间低回传诵，久久不绝，那是她第一节课教给孩子们的诗！年轻的女大学生回头望去，顿时被惊呆了：几十个孩子齐刷刷地跪在高高的山坡上！

谁能承受得起那让天地都为之动容的长跪呀！她顷刻间明白了，这是渴求知识的孩子们纯真而又无奈的挽留啊！

女大学生的灵魂就在那瞬间的洗礼中得到了升华。她决定抛弃山外的诱惑，重新把行李扛回了小学校。她成了山村的第十一位教师。

以后的日子，她从这所小学校里送走了一批又一批的孩子，去读初中、念高中、上大学……这一留就是整整二十年。

再后来，这位女教师积劳成疾，被送往北京治疗。当乡亲们把她接回山村时，人们见到的只有装在红色木匣里的她的骨灰！

生命的意义

美国一位大学教授和他的学生来到黑人贫民窟搞调查，其中有一个课题是预测该地区的二百五十名黑人孩子将来的前途。学生们认真地作着报告，几天后，这份报告的结果出来了，但它令教授忧心忡忡。学生们在报告中预测，这二百五十名黑人孩子将来会无所作为，只能成为社会的负担。

三十年后教授去世了，教授的一个同事从他的档案中发现了这份忧心忡忡的报告，在好奇心的驱使下，来到了当年的贫民窟。他看到，事实并不像报告的结论那样令人沮丧，相反，发生的一切让这位同事佩服得五体投地。原来接受调查的二百五十名黑人孩子中，除了十八人离开故土，无最新消息外，其余的二百三十二人都成就斐然，他们当中有的成为了银行家，有的成为了大律师，有的成为了企业家，有的成为了著名球星、影星。

教授的同事逐个采访了这二百三十二人，追问他们何以能成功。这些人说得最多的是：“我们应该感谢我们的小学老师。”同事费尽周折找到了那位小学老师，此时，她已是白发苍苍的老人，说话不太清楚，可是有一句话同事能听懂：“我爱这些孩子。”

滋养心灵

一句话已足够表达生命的意义。我们做人到底拥有多少成功和快乐，取决于我们付出了多少爱，又有多少人在爱着我们。

学会感恩

穷人区里的一位小学老师要求她所教的一班小学生画下最让他们感激的东西。她心想能使这些穷人家的小孩心生感激的事物一定不多，她猜他们多半是画桌上的烤火鸡和其他食物。当看见杜格拉斯的图画时，她十分惊讶，那是以童稚的笔法画成的一只手。谁的手？全班都被这抽象的图案吸引住了。

“哦，我猜这是上帝赐给我们的手。”一个孩子说。“一位农夫的手。”另一个孩子说。

等到全班都安静下来，各人做各人的事时，老师才过去问杜格拉斯，那到底是谁的手。“老师，那是你的手。”孩子低声说。她记得自己经常在休息时间，牵着孤寂无伴的杜格拉斯散步，她也经常如此对待其他孩子，但对无依无靠的杜格拉斯来说却特别有意义。

是的，一生中我们每一个人都会有要感谢的人和事，或许不是什么大恩大德，只是生活中的一点一滴，比如，感谢母亲辛勤的工作，感谢同伴热心的帮助，感谢人与人之间的相互理解……对很多给予者来说，也许这些给予是微不足道的，可是它的作用却常常难以估量。

感恩是一种生活状态，一种善于发现美并欣赏美的道德情操。人生在世，不如意的事情十有八九。如果囿于这种不如意之中，终日惴惴不安，那生活就会索然无趣。相反，如果我们拥有一颗感恩的心，善于发现事物的美好，感受平凡中的美丽，那我们就会以坦荡的心境、开阔的胸怀来应对生活中的酸甜苦辣，让原本平淡的生活焕发出迷人的光彩！

没有一种草不是花朵

李雪峰

那时候我们还居住在深山里的乡下，我还是个十五六岁的孩子。春天，小草刚被融雪洗出它们嫩嫩的芽尖时，老师告诉我们，学校准备组织我们搭车到百里以外的县城去参加作文竞赛。我们一听又兴奋又担忧。兴奋的是我们可以坐上大汽车去县城里看看。担忧的是我们这些山区孩子，作文能赛过城里的学生吗！

头发花白的老校长看出了我们的忧虑，他说："你们经常上山下田，谁能说出一种不能开花的草？"不会开花的草？蒲公英是会开花的，它的花朵是金黄色的，秋天时结满了降落伞似的小绒球；汪汪的狗尾巴草也是会开花的，它狗尾巴似的绿穗穗就是它的花朵；就连那些麦田里的茇茇草也是会开花的，它的花是洁白洁白的，有米粒那么大，像早晨被太阳镀亮的一颗颗晶莹的露珠……我们想来想去，把每一种可以想到的草都想遍了也没能找到不会开花的。我们想了半天都摇摇头说："老师，没有一种草是不开花的，所有的草都会开出自己的花朵。"老校长笑了，说："孩子们，是的，每一种草都是一种花，栽在精美花盆里的花也是一种草，而生长在田边和山野里的草也是一种花啊。不论生活在哪里，你们和其他人一样，都是一种草，也都是一种花。记住，没有一种草是不会开花的，再美的花朵也是一种草！"

十多年过去了，当我从山村校园走进都市的大学，当我从乡下青年成为缤纷城市里的一员，当我面对一束束流光溢彩的鲜花和一次次雷鸣般的掌声时，我从不自卑，也没有浮躁过。我总会想起老校长的那句话——没有一种草是不会开花的，而每一种花也是一种草！

难忘那张圆脸

七个春夏秋冬，送走过几百个中学生，有些学生的名字已经从记忆中抹去，但那张圆脸却依然那样清晰地刻着一个永远留在我心中的故事。那张稚气的圆脸，是我曾经伤害过的。

这件事，发生在7年前的9月3日，我走上讲台的第一堂课。

靠前门的课桌后，坐着的是一个圆脸少年。一开始上课，他的两手就抄在袖筒里，平放在桌子上，头枕在上面，并且不时地抬起衣袖去抹那淌出来的鼻涕。他的举止惹恼了我。要知道，这可是我的第一堂试讲课，内容是茅盾的《白杨礼赞》。为了这堂课，我足足准备了3天。更何况，教室后排还坐着那位年长的教务主任，他是在考评我的教学能力。

“圆脸”的表现在我看来，简直就是对我的轻视。

我的心境被破坏了。努力地不去看那张“可憎”的圆脸，继续讲我的课。可是不行，接连发出的抽吸鼻涕的声音已经把课堂上一半的目光吸引过去了，间或传来低声议论和“啧啧”的嗤笑。教务主任也在盯着我，似乎在看我怎样对付这课堂上的“突发事件”。

我暴怒了，对着“圆脸”大喝一声：“你，站起来！”“圆脸”慢慢地抬起头，迷茫的眼睛闪了闪，然后低垂下头，缓缓地站起。我有些懊悔了。说他什么呢？总不能说他流鼻涕吧。于是，我指着板书，问：“茅盾的《白杨礼赞》在开头为什么没去写白杨树，而写的是黄土高原的壮观景象呢？”话一出口，我被自己的机灵陶醉了。这是我刚讲过的问题，我想他应该能回答出来，然后让他坐下，告诫他坐端正，注意听讲，也就算解了围。

“我不会。”“圆脸”回答，声音很低，但很干脆。我不相信自己的耳朵：“你说什么？”

“圆脸”的头垂得更低了：“你刚才讲的我没听明白。”

我恼怒起来，厉声质问：“那么，你听什么了？”

几十双眼睛凝视着我，其中也有教务主任。“圆脸”没说话，只是深深地垂着头。“你出去！”话一出口，连我也奇怪自己何以有这个念头。“圆脸”猛地抬起头，我看到的分明是一双愤怒的眼睛，目光中似乎还有一丝淡淡的哀怨。“你出去！”他终于离开了座位，拉开教室的门，跑了出去。

课堂恢复了平静，可静得让人感到压抑。

我继续上课。这堂课好长啊！

课后，教务主任找到了我，没有评论这堂课上得怎样，只是给我介绍那个被我赶出教室的学生。“他也是够可怜的了。父母离异，他跟着奶奶生活，现在奶奶病了，他很需要关怀，但从来不把苦告诉同学。他太孤独，他需要理解，尤其是来自教师的理解。”说完，教务主任长久地看着我。我的心被刺痛了，也想起了那颗被我刺痛的心。我知道，这第一堂课是彻底失败了。我不配在学生面前自称老师，也不配让学生叫自己老师。我该怎么办呢？

下午，在我的办公桌上，摆着一个折得正正方方的纸条，上面写着：

老师，您第一次登上讲台，我能理解您做的一切，我也多么希望别人能理解我啊！

被您从课堂赶了出去的学生

我被震撼了。从这以后，我才真正明白了“教师”这个词的含义。他不只是“教书”，更重要的是“教人”。而要“教人”，首要的是先教自己，教自己去理解学生，这样才可能教好人，教好书。

这件事虽然已经过去7年了，但那张永远抹不去的圆脸，那双哀怨的眼睛，时时在提醒我，即使在离开讲台的今天，仍然如此。

一百双鞋子

海琳是小学五年级的学生，也是班里最受人欢迎的女孩子，她长得漂亮，成绩也好，爸爸是一家公司的董事长，全班数她家里最有钱；而另一个叫古芋的女孩，是班上家庭条件最差的女生。

最近，一连三天，海琳发现古芋的座位都是空着的。古芋坐在教室最后一排的一个位子上，平时，只要古芋来了，海琳就别提多开心了，她又会跟古芋开起那个“一百双鞋子”的玩笑。古芋常常穿一双洗得发白的布鞋，鞋口还破了一条边，一看到这鞋，海琳便会提起那个不知提过多少回的问题：“古芋，你家中有多少双鞋子？”

“一百双！”古芋微笑着回答，不卑不亢的。海琳听了，立刻会一惊一乍地叫起来：“一百双，这么多？”

古芋昂起脑袋，自豪地说：“是的，一百双，它们摆满了我的鞋架！”

这时，又会围过来一些学生，分明带着嘲弄的口气：“我想都是一些很高档的鞋吧？”

“是的，全是高档鞋，各种款式的都有。”

古芋这么一说，同学们便哄笑着散开了。哼，一个每天穿着一双烂鞋的人，居然说家里有一百双鞋，谁信？当同学们尽情讥笑时，古芋总是回到座位上，低头去看书了。

就在古芋没来上学的前一天，海琳做了个恶作剧：她郑重其事地让古芋从家里带一双“高档鞋”到学校来，要是带不来，就是小狗！看来，古芋三天都没来上课，她一定是没法带什么高档鞋来，她是尴尬了、害怕了……可是，想到一个恶作剧竟让古芋无端地逃学，海琳的心中又隐隐地感到不安。

第四天，海琳走进教室时，挂在黑板上的一幅画让她惊呆了：画上，全是一双双鞋子，颜色各异，款式新颖，整整一百双！

这时，班主任进来了，她看着全班同学惊诧的表情，眼眶湿湿的，她从口袋中取出了一封信，说，这是古芋写给大家的，古芋的爸妈都下了岗，为了生活，他们一家即将去一个远方的城市打工……说着，班主任含着热泪开始念那封信：“……离开你们，我的心里很难过。海琳，还有你们大家，都曾经那么想要瞧瞧我那一百双鞋子，可我一直没有兑现诺言，现在我把它们带来了，这些鞋五彩缤纷，是我的梦，也是我们未来生活的一部分，作为临别的礼物送给你们，希望你们能够喜欢。”落款是“永远想念你们的古芋”。

这时，教室里已是一片唏嘘声，海琳再也忍不住了，放声痛哭起来……

三　好　生

陈庆芭

上小学的时候，从一年级到五年级，他从未当过“三好生”，也从未想过当“三好生”，尽管他成绩不错，表现也很好。

村子很偏僻，村子的东北方向有一个军营，军营子女就成了学校里的一个特殊群体，他们比农家子弟“得宠”。村里的孩子如果不是很出色，很难引起老师的注意。他那时很自卑。

五年级临放寒假时，学校照例在小操场上召开表彰会，“三好生”上台领奖往往是表彰会的高潮。校长在上面讲话，学生在下面说话，老师在后面吸烟，整个操场乱哄哄的什么也听不见，他坐在下面低着头想自己的心事。

“要发奖了！”有人喊了一声，同学们的目光都聚到主席台上。被喊到的大都是军官子女，他很羡慕他们。当然仅仅是羡慕，即使夜里做一百零八个梦也不会梦见自己当

“三好生”，他觉得“三好生”不是他这种人当的。直到旁边的“大棍”用胳膊肘捣他：“快！校长喊你到台上领奖，你是‘三好生’啦！”福星真的照到了自己的头上，他简直不知道该怎么办才好，激动得不知所措。

“快去呀！”旁边的几个人叫道。

就这样，在小学临近毕业的那个学期，他第一次被评上了“三好生”。

领奖的时候，为了替农家子弟争回些面子，他走得郑重其事。到主席台上，他也像军官子女那样向校长敬了一个标准的少先队队礼。

接下来，就该双手接奖状了。

“你来干什么？”校长的神色怪怪的，脸上没有一丝笑容。

“我来……领奖呀。”他不明白，为什么校长对别的“三好生”笑容可掬，唯独对他冷冰冰的。他有些委屈。

“领什么奖？”校长一下子暴怒起来，“简直是胡闹！”

他一下子懵了：“不是你喊我来领奖的吗？”

“我叫你来领奖？”校长把“三好生”名单往他面前一递，“你看看，上面连你的名字都没有，我会叫你来领奖？”

他听到身后传来了同学们的笑声。只听“大棍”一边笑一边大声嚷嚷：“哎，他信了！他信了！”

这时他才知道自己被人捉弄了。当着这么多人的面，他无地自容，转身就跑。

他的班主任，一个不苟言笑、做事认真得近乎古板的人，走过来拦住他：“别走，这次‘三好生’有你呀。”

全场一下子静了下来。

班主任走到校长面前：“这次‘三好生’有他。怎么能没有呢？我明明记得有嘛。”

校长生气地把名单递给班主任。他仔细地看了两遍，一拍脑门：“哎呀，你看我！我写名单的时候把他漏掉了，都怪我！”

校长脸一沉：“胡闹！亏你平时那么认真，也能出这种错！现在怎么收场？”

全场静得出奇。

班主任把上衣口袋里的钢笔拿下来递到他手上：“没有奖状和红花了，这个奖给你吧！”班主任平时常穿一件蓝色中山装，上衣口袋里常常别着一支钢笔，钢笔的挂钩露在外面，在阳光下白灿灿的，常引得学生羡慕不已。要知道，那个时候对一个农村孩子来说，钢笔还是奢侈品啊。

那个寒假，他过得既充实又兴奋。他拥有了第一支钢笔，最主要的是，这支笔代表着一种荣誉，是自己应该得到的奖品。他的自卑感一下子就消失了，从此和“三好生”结下了不解之缘，直到高中毕业，进入大学。

他当时对班主任虽有感激，但更多的是埋怨，埋怨他一时的疏忽让自己在众人面前出了丑。要是领奖那天没有那令人难堪的一幕该有多好！他常这样想，并遗憾万分。从此以后，无论在校内校外，他见了班主任总觉得不自在，尽量躲着走。班主任一笑置之，待他如故。

二十年后，他已是某中学的一位班主任。

一天，他向妻子谈起了往事，提到他当年的班主任——那个平时不苟言笑、做事认真得近乎古板的人。

“你说，他那么认真的一个人，怎么能把我漏掉呢？”他感慨道。

妻子笑吟吟地反问道：“他那么认真的一个人，怎么能单单把你漏掉呢？亏你现在还是班主任。”

半晌无语。夜半，他披衣而起，两眼含泪，拿起信笺……

定格一种倒下的姿势

迄今没有见到为他们留下的影像，定格他们倒在废墟里的姿势。也许根本就没有人为他们留下过影像。但是，随着搜救人员一点点挖开瓦砾、水泥和砖块，我们依旧记住了这样一种倒下的姿势：

21岁的幼儿园老师瞿万容，被扒出废墟时，人们看到她扑在地上，用后背牢牢挡住一块垮塌的水泥板，紧紧护住自己怀里的一个孩子。

孩子只受了轻伤，呼吸很平稳，而年轻的女老师，却因为头部和背部骨折，早已停止呼吸。

这一幕，定格在“5•12 汶川大地震”后的第二天，人们扒开绵竹市遵道镇欢欢幼儿园废墟时的那一刻。

在地震刹那间摧毁我们的家园后，从城市的碎片下，不止一处，人们看到这种凝固的姿势。

5 月 13 日 22 时 12 分，震后第二天，在德阳市看到了这种姿势。在汉旺镇东汽中学的废墟下，年近 50 岁的教导主任谭千秋，张开双臂趴在课桌上，身下死死地护着 4 个学生。他的后脑被楼板砸得深深凹下去，但 4 个学生都活了下来。

5 月 14 日 7 时，震后第三天，在崇州市看到了这种姿势。当一夜未眠的搜救人员从怀远镇中学垮塌的教学楼下找到吴忠洪的遗体时，这位 45 岁的英语老师背部向上弓曲着，双手撑地，身下是两名已经死去的学生。

5 月 14 日早上，震后第三天，在什邡市看到了这种姿势。搜救人员在龙居中心小学的废墟里刨出一个死去的女子，她同样正努力护着 3 个孩子，而她的头已被砸下的重物削去一半。幸存师生仔细辨认，才认出那是学校最年轻的女老师向丽。

5 月 14 日 10 时，震后第三天，在绵阳市看到了这种姿势。在平武县南坝小学塌下的一根钢筋水泥横梁下，48 岁的代课女老师杜正香趴在瓦砾里，头朝着门的方向，双手死死地各拉住一个孩子，胸前还护着3个孩子。

在汶川县也看到了这种姿势。当那里的幸存者们徒手搬开垮塌的映秀镇小学教学楼的一角时，他们惊呆了：29岁的男老师张米亚跪扑在废墟上，双臂紧紧搂着两个孩子。孩子都还活着，这位平时爱唱歌的老师却已经离我们而去。他紧抱着孩子的手臂已经僵硬，为了救出孩子，救援人员不得不含泪将他手臂锯断。

这样一种倒下的姿势，定格在他们生命的最后一瞬间，尽管不能以影像的形式流传，却足以在人们心间永久驻留。

这样一种倒下的姿势，定格了他们在这世上的最后一次努力，那就是用自己的生命去换取他人的生命。

在这最后的瞬间，我相信没有功利的考量，来不及是非的权衡，而只有人性深处的本真，以及人类心中永不泯灭的爱。再强大的自然伟力，也摧毁不了它。这种爱，足以战胜自然的伟力，为生命支撑起一块空间，尽管狭小局促，甚至狼狈，但是无比壮美。

一个美丽的错误

我曾经在一家网站看到了一个帖子，那帖子的大概内容是：

一次数学考试，毛毛有一道题做错了，老师扣了1分。还有一道连线题，左边竖列的是“一车土”“一块砖”“一张纸”，右边竖列的是“1吨”“2公斤”“3克”。毛毛在“一块砖”和“3克”之间连了道线。为了培养学生的综合能力，还要求学生写一段话，但是不计分。毛毛是这样写的：“我爸爸是个挑砖工。我希望所有的砖头不要太重，每块砖只有3克就好了。爸爸太累太辛苦了，我爱我的爸爸！”老师用红笔在旁边加了1分，还写了一段话：“爱心加1分。你得了满分——爱心满分！祝贺你！”

爱心满分！这句话深深地打动了我。用什么词语来形容毛毛呢？天真、孝顺、联想丰富……一个多么可爱的孩子啊！他用一种特殊的方式表达了对父亲的怜惜与挚爱。那么，又用什么词语来形容那位老师呢？耐心、智慧、善解人意……一个多么可敬的老师！是她从孩子的眼睛里看到了天堂，是她为孩子的爱心增添了光明的亮度。学生故意犯了一个美丽的错误，老师也跟着存心“错误”了下去，一道连线对接起来的，也许是两颗同样纤细质朴善良的心……

我不禁想起了一个让我鼻子发酸的故事：一个小学四年级的语文老师，让学生以“我的理想”为题写一篇作文。有一个学生是这样写的：“阿爹还没走（当地人称人死为“走”）的时候就告诉我要好好学习，天天向上，长大做个科学家；阿妈却要我长大后做个公安，说这样啥都不怕。我不想当科学家，也不想当公安。我的理想是当一只狗，天天夜里守在家门口。因为阿妈胆小，怕鬼；我也怕。听阿妈说，狗不怕鬼，所以我要做一只狗，这样阿妈和我就都不怕鬼了……”作文刚好一页，字歪歪斜斜的。那一页，老师没有给分，只是打了个大大的红叉。

接着，我将自己想成了这个“怪”孩子的老师。如果我看到这篇作文，会不会感动呢？说实在的，此时此刻，我真的也想像毛毛的老师那样犯一个美丽的错误，在这篇作文上画一个红红的勾，倾心聆听一次孤儿寡母的爱与哀愁，轻轻地抚摸一下失去父亲的孩子的创痕，拓宽一个孤寂孩童爱的表达。

《圣经》里说：“你们如果不回转，变成小孩子的样子，就一定不得进天国。”

帕斯卡尔说：“智慧把我们带回到童年。”

孟子说：“大人先生者不失赤子之心（能够体物察情和宽恕别人的人和有德行有学问的长辈都没有失去善良、纯洁的心）。”

而我想说的是，我爱那个在艰难的生活夹缝中仍懂得感恩的孩子，我爱那个在无邪的心灵前深深凝视的老师，我喜欢那个美丽的错误……

梨一样的苹果

耿　青

米哈朵夫是一位出色的小学图画教师，他在这个偏远的小城中教了很多年图画课。他一如既往地按照自己的标准评价学生的图画作业，从未出过任何差错。

一天，像以往一样，米哈朵夫翘着有些俏皮的小胡子走上讲台，教学生画苹果。他绕着教室看了一圈，小胡子快活地抖动着，他满意极了。突然，他的目光落在了墙角的课桌上。那里坐的是刚刚转到班里的尤里卡，他的父亲是西伯利亚的护林员，因病调到小城工作。似乎是故意捣蛋，尤里卡的苹果又长又圆，蒂部尖尖的，并且涂上了梨黄色。可以说，他画的根本就不是苹果。“你画的是苹果吗？”孩子回答：“是苹果。”“我看倒有些像梨。”“是的，老师，有些像梨的苹果。”米哈朵夫压着火气告诉那孩子，苹果是扁圆的，应该用浅黄色，再加上一些鲜艳的红色。他的口气非常温和，他希望用老师惯用的说理、感化方法，使尤里卡放弃这个像梨的苹果。但这个孩子压根儿没在意老师的温和，他说：“在西伯利亚的大森林里，一棵苹果树和一棵梨树各自被雷劈去了一半，两棵树紧紧靠在了一起，长成了一棵树，上面结的就是这种像梨一样的苹果。我吃过这种苹果，我是这个世界上唯一吃过这种苹果的人。因为，这两棵树只结了一个苹果，后来，两棵树慢慢烂掉，都死了。”

专注倾听的米哈朵夫从故事的结尾感到了嘲弄的味道。他“嚓”一下撕掉了那一页像梨一样的苹果，说：“要么拿出你所说的苹果，要么就乖乖地画我的苹果。否则，就再也不要来上课了！”

全班同学哄堂大笑。这个从西伯利亚来的土头土脑的小男孩可怜巴巴地缩在墙角，但他仍执拗地坚持：“确实有这种苹果，我吃过这种苹果。”

第二天，尤里卡拿着画满了苹果的作业本乖乖地走到米哈朵夫面前。令他吃惊的是，这些苹果比其他学生的苹果都画得好，只是每一个圆润鲜艳的苹果边都洒满了斑斑点点的泪渍。

如果尤里卡是一个爱说谎的孩子，事情也就那样过去了。但经过米哈朵夫明察暗访，尤里卡从不说谎。米哈朵夫虽然一如既往地上他的图画课，但是那两撇可爱的小胡子像是患了感冒，再也不会欢乐地抖动了：那些泪渍深深地印在了他的心上。每一节课都是一次折磨——他不敢看缩在墙角的尤里卡，更害怕同学们对尤里卡的嘲笑，那些尖锐的笑声像锥子似的扎在他心上。

他知道，必须弄清到底有没有像梨一样的苹果。他到护林员家里打听，一趟趟到邮电所去发信，他到处询问，但都没有结果。终于有一天，他跳上了一辆破旧的汽车，风尘仆仆地赶到了一千公里外的莫斯科。在国家园林科研所里，园艺家米丘林听完他的故事，突然疯了似的跳起来拿出了伏特加酒，为他的故事、他身上一千公里的尘土以及他令人尊敬的痛苦与他一次次干杯。米丘林激动地说："亲爱的米哈朵夫，我的确不知道世界上有没有这种苹果，但我必须感谢你。回答这个问题至少需要三年，也许，三年之后的秋天我会送你一个像梨一样的苹果。"

三个秋天过去了。突然有一天，教室的大门被猛地撞开了，一个披着厚厚的尘土的人走了进来。正是伟大的米丘林！他的手里握着两个神奇的金黄色的苹果。米丘林走上讲台，向同学们讲述了他从米哈朵夫的故事中得到的启示，以及采用嫁接术获得梨苹果的经过："这是植物界的一场革命，有了嫁接术，我们就有了成千上万种没有见过没有吃过的神奇水果。而开始这场伟大革命的两个人，一个是图画老师米哈朵夫，另一个是他的学生尤里卡。"

像三年前一样，米哈朵夫神气地站在讲台上，小胡子再次快活地抖动着："同学们，让我们再画一次苹果。我要说的是，请画出和以前不一样的苹果。尤里卡同学，请务必再画一幅梨苹果。"

尤里卡画好的苹果上，又一次洒满了泪渍。不过，那是米哈朵夫老师不小心弄上去的。

借你一个微笑

李俊是个性格内向的学生，阅完的试卷一发下，我发现他眉头又锁到一起了，他只得了 58 分。

一个从来不及格的学生，自信心有多差就不用说了。

我合上教案面无表情地走出了教室，李俊跟了上来，他喉头动了一下，然后眼泪就要掉下来了。我站住，等他说话。同学们也围了上来，他的脸涨得通红。我静静地站着，希望他能开口，但他的嘴唇好像紧紧锁住了似的。

他递过一张纸条：老师，我的物理太差，您能不能每天放学后为我补一个小时的课？

我可以马上答应他，但面对这样一个学生我决定“迂回”一下。我牵着他的手到僻静处说：“老师答应你的要求，可这两天我太忙，你等等好不好？”他有些失望，但还是点点头。我知道他中计了，接着说，你必须先借一样东西给我！他着急起来，可还是说不出一句话。

“你每天借给我一个微笑，好不好？”

这个要求太出乎他的意料，他很困惑地看着我。我耐心地等待着，他终于眼噙泪花艰难地咧开嘴笑了，尽管有些情不由衷。

第二天上课，我注意到李俊抬头注视我，我微笑着，但他把脸避开了，显然他还不习惯对我回应。我让全班一起朗读例题，然后再让他重读一遍。他没有感觉我为难他，大大方方地站起来读了。也许想起了昨天对我的承诺，读完后，他很困难地对我笑了笑。见他这样，我心生一计，又给他设置了一道障碍。我说，你复述一下题目的要求，这回他为难得快要哭了。不少同学对他的无能表现得很不耐烦，七嘴八舌地争着说起来，我制止了大家。他终于张口，虽然语无伦次。我笑着让他坐下。

他开始和同学来往了，一起上厕所、回教室……这样过了好长一段时间，我都没提为他补习的事。

一天下课，李俊又拦住我，我知道他要干什么，于是很幽默地向他摊开手。他一愣："老师您要什么？"

我说："你写给我的条子呀。"

他笑了："我不写条子了，您给我补补课吧。"

我面带笑容："功课你不必着急，到时我会主动找你的，但我向你借的你还没给够我。"

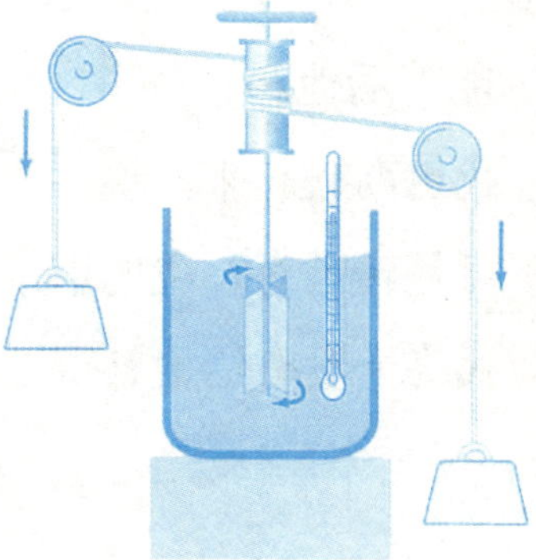

"好的，我一定给足您。"等他高高兴兴走出好一段路后，我才像想起来什么似的把他叫回来，递给他一张纸条，那里有我为他准备的一道题。我告诉他，一天之内把它做出来，可以和同学讨论也可以独立完成。我知道，他宁可“独吞”，也绝不会和同学讨论的。这正是性格内向的学生的最大弱点。下午他说还没做出来，我有点不高兴，说晚自习你还没做好，我可要收回承诺了。自习时我见他站在一个男生边上，忸忸怩怩很不自然，我得意地笑了。就这样我先后为他写了四张纸条，题目一次比一次难。后来，纸条一到手他就迫不及待地和同学们争论开来。

期末考试李俊成绩尚可，科科及格——看来我为他补的都差不多了。新学期刚开学，李俊休学了。他爸遇车祸瘫痪了，而他自小就被妈妈遗弃了——这也是他忧郁的一个原因。我有些担心，一个连话都不大愿说的少年，能担负起养护父亲的责任吗？

星期天，我和几位朋友到茶室聊天。刚坐下就被一群小孩子围上了，硬要为我们擦皮鞋。只有一个小孩没冲进来，在外面吆喝着：“擦皮鞋！擦皮鞋！”离开茶室，我从那个小孩面前走过时，发现那孩子竟是李俊！

“老师，让我为您擦一次皮鞋吧。”他说，脸上没有腼腆也没有沮丧。我答应了，伸过脚让他很用心地擦着。他一边擦一边说，他虽然不缠人，但生意也不错。顾客告诉他，他的笑容很好看。他笑着告诉我，不久他还会复学的。他学会了笑，他的笑让他挣半天钱也能养活他和爸爸了。

我也高兴起来，说：“我一定等你回来。”

可是转过身，我的泪水就出来了。

我终于没有给他补课，是他为我补了一堂人生课。

一缕阳光

孙博文

人生就是一场一个人的旅行，在这个旅途中会遇到各种各样的人陪你行走一程。有些人和事，经过了就忘却了，有些则会随着岁月的流逝愈久远愈清晰。

十四岁那年的一场疾病，让我从人见人夸的漂亮女孩变成了名副其实的丑小鸭。自卑、恐惧整日缠绕着我，绝望的念头如影随形，这样一来学习更是一塌糊涂。而那时，农村的任何一点收获都要靠父母的双手去创造，他们也曾忧愁过，但迫于生计而忙碌让他们无暇更多地关心我。在我快要绝望的时候，一缕阳光照亮了我的生活，带给我温暖，也从此改变了我的人生。

升入初二，新来的班主任兼语文老师王天恩，就是我生命中的那缕阳光。他是当兵转业回来的，虽说不是师范毕业，却是一个执著的文学爱好者，他时常在平凉文联办的杂志《崆峒》上发表文章，还经常给同学们传阅一些他购买的书，也鼓励同学们凑钱合伙买书传阅。一时间班里的读书气氛很浓，同学们的闲暇时间都在相互借书看。那是八十年代初的西北农村，大多数人还停留在解决温饱的阶段，王老师却把我们这些懵懂无知的少年引领到了喜欢阅读的精神境界，带给我们精神食粮。

那时的贾平凹应该还没有闻名全国，王老师和贾平凹一起参加过一次文学活动，他当时就很崇拜贾平凹，还给我们讲了“凹”字读“wā”的原因（我后来之所以会成为贾平凹文学作品的忠实读者也是受到王老师的影响）。热爱文学的王老师经常会给我们讲他喜欢的作家、作品，组织省级作家来学校谈创作感悟，记得有个叫王家达的作家就是在那时来过学校。

如果要为后来的自己热爱文学、坚持读书，在做语文老师时引导学生进入文学殿堂，并鼓励他们写作寻找一个原因的话，我知道，那一定是王老师带给我的影响。

爱读书，爱文学的人，一定爱思考，更理性，更理解人，也会想办法改进自己的工作方式。王老师就属于此类。

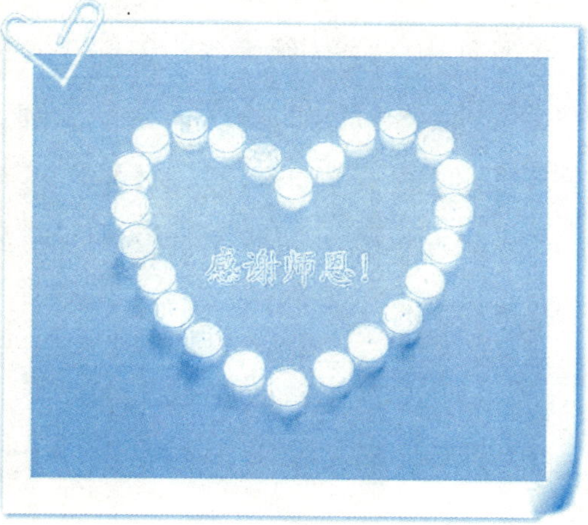

那个年代的农村教育，打骂责罚是主要方式，家长、学校也普遍认可。而王老师却开辟了一种全新的教育方式。他会定期和同学们谈心，了解学生的家庭状况和内心感受。开学不久，王老师叫我谈话。他关心地询问了我的病情，鼓励我，让我好好学习，不要有太大的思想负担。那次我流泪了，王老师还批评我，说他最见不得人哭了，那是懦弱的表现。

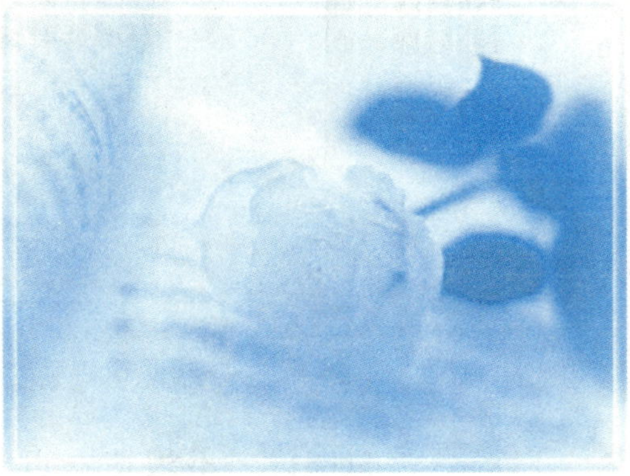

王老师的谈话，让我绝望的内心第一次感受到了他人的关爱，那是感动的泪水，委屈的泪水。想想自己小学阶段凭借一点小小的聪明，在功课上还过得去，没有什么负担。而升入初中后的接连打击让我不知所措，觉得自己陷入万丈深渊，没有了未来。王老师的谈话，拨动了我心中那根还没有断的琴弦，有“一语惊醒梦中人”的感觉。

知道学习了才会学习，也才明白学习可以改变命运，可以考师范，将来可以当老师，挣工资养活自己。我实实在在地觉醒了，我在内心深处呐喊，我要学习！到初三的时候，我已经是班里成绩偏上的学生了。

人生的得失总是守恒的，一个地方失去了的，另一个地方就会得到。当我们埋怨上帝不公的时候，上帝其实又是公平的。当他关闭了一扇窗的时候，一定为你开启了一扇门。对于我，上帝关闭了我出众的容颜之窗，却开启了我的智慧与理想之门。

初中毕业时，王老师也让父亲改变了想法。王老师对父亲肯定地说，我学习是可以的，身体多病，回家务农不行，还是让我继续读书吧。父亲这才下定决心要供我读书，还对我承诺，只要我愿意

后来我骑自行车一百多里去读高中，期间啃冷馍、喝生水、冰天雪地的日子里在没有任何取暖设备的屋子睡冷铺，条件再苦也没有想过放弃。我放下自己喜爱的小说，不浪费一点时间地学习，最终成为那时家乡为数不多的考上大学的女孩。

正是由于初中阶段的特殊经历，参加工作以后的我，总以自己最慈爱的心、最宽容的态度去对待我的学生，在工作上也尽最大的努力前进，丝毫不敢懈怠。对那些弱势学生，尽可能地多给他们一些鼓励，让他们感受到老师的温暖。

其实孩子的心是最纯洁的，也是最简单的。无论他们的成绩有多差，也无论他们有多叛逆，我坚信只要尽我的所能去帮助他们，一定会带给他们一丝温暖，一点进步的动力，以此影响他们向上向善成长。所以我永远固执地认为老师的品德远比学识重要。知识是无穷尽的，特别是少年时期的那点知识，随着年龄的增长，当孩子愿意学了，随时可以补上。而一旦心灵受到伤害，那种创伤是无法愈合的，造成的损害，也许是永远都无法弥补的，也会成为他们一辈子都驱赶不了的阴影。

感谢我的恩师——王天恩，是他让我走出了青春期的困惑，让我寻找到了人生前行的方向。快三十年了，已退休的王老师，祝您安康！

毕业的礼物

四年寒窗，就要分别，不少人都在准备毕业礼物送给同学。只有林志默默地坐在一边。我知道他来自边远的山区，家里穷，没有钱买什么礼物送给同学。

看到他这样，我们停止了谈礼物的事。他见我们沉默了，就笑笑，说："我也要给大家一份礼的。"我们劝他："没必要，有这份心意就行了。"他说："我是真心的。"

林志和我是一个寝室的。四年来，我们朝夕相处。因此，他的情况我比较清楚。每次开学的时候，他都会从家里带两罐子腌萝卜、腌咸菜来。每天吃饭时，他只打饭，然后就回寝室吃他的腌咸菜。尽管如此，他还是节省着吃，尽量让腌咸菜吃得久一点。可再怎么节省也吃不了一学期呀。看到他学期末吃白饭的时候，同学们都会自觉地资助一点饭菜票给他。我呢，因住在市内，时不时会从家里带点鱼呀肉呀什么的，让他尝尝荤。

冬天的时候，他穿着单薄，同学们会把自己家的衣服送给他，虽然都是旧的，可大家知道，林志需要。可以说，四年来，班里的35名同学，有34名帮助过他。

虽然家境贫寒，可林志学习很用功，在我们打牌、聊天、听音乐会或者谈恋爱的时间里，他不是在教室就是在图书馆。而且，他还会把自己点点滴滴的感受写成文字，寄到报社发表。他用得到的稿费来交学费或买书，我们也曾戏言过要他请客，但我们一次也没真要他请过。我们知道，每一笔稿费对他来说都很重要。

毕业典礼就在我们的教室里举行，同学们互写赠言、互送礼物。四年里，虽然也有恩怨，也有辛酸，可想到马上就要天各一方，再也没有这样相聚一起的时光了，心头都不免有些酸楚。

这时候，我发现林志不见了。林志呢？正当我们要寻找他时，他却抱着一摞笔记本进来了。怎么这么俗呀？都毕业了，还给大家送笔记本？他没理会大家，往每人手里塞了一本。然后，走上讲台，打开笔记本并举着说："这是我四年来发表的作品，我精选了35篇出来，我发现，每个同学都给过我帮助，每个同学的关怀我都用笔记录了下来。我把它们复印并贴成了35个笔记本。大家给我的帮助我无以回报，但这些真挚的情感会一辈子留在我心里！"他深深地鞠躬，久久没抬起头来。等他抬起头时，我发现他已热泪盈眶。

静，教室里静得可以听到心跳的声音。我们都被感动了。我们当初的付出真的微不足道，但我知道，因为有了这个特殊的礼物，我们之间的友情，变得更加珍贵了。

感谢上帝

有这样一个故事。

一次，美国前总统罗斯福家失窃，被偷去了许多东西，一位朋友闻讯后，忙写信安慰他，劝他不必太在意。罗斯福给朋友写了一封回信：“亲爱的朋友，谢谢你来信安慰我，我现在很平安。感谢上帝，因为：第一，贼偷去的是我的东西，而没有伤害我的生命；第二，贼只偷去我部分东西，而不是全部；第三，最值得庆幸的是，做贼的是他，而不是我。”对任何一个人来说，失窃绝对是不幸的事，而罗斯福却找出了感恩的三条理由。

在现实生活中，我们经常可以见到一些不停埋怨的人：“真不幸，今天的天气怎么这样不好！”“今天真倒霉，被老师骂了一顿！”“真惨啊，丢了钱包，自行车又坏了！”“唉，宿舍的阿姨真啰嗦！”……这个世界对他们来说，永远没有快乐的事情，高兴的事被抛在了脑后，不顺心的事却总挂在嘴边。每时每刻，他们都有许多不开心的事，把自己搞得很烦躁，把别人搞得很不安。

其实，所抱怨的事是日常生活中经常发生的一些小事情，只是明智的人一笑置之，因为有些事情是不可避免的，有些事情是无力改变的，有些事情是无法预测的。能补救的则需要尽力去挽回，无法转变的只能坦然受之。最重要的是，学会感恩，时刻怀有一颗感恩的心，做好目前应该做的事情。

感恩是一个人与生俱来的本性，是一个人不可磨灭的良知，也是现代社会成功人士健康性格的表现。一个连感恩都不知晓的人，必定是拥有一颗冷酷绝情的心，也绝对不会成为一个对社会做出贡献的人。感恩，是一种对恩惠心存感激的表示，是每一位不忘他人恩情的人萦绕心间的情感。学会感恩，是为了擦亮蒙尘的心灵而不致麻木；学会感恩，是为了将无以为报的点滴付出永铭于心。譬如，感恩为我们的成长付出毕生心血的双亲，感恩辛勤教育我们的老师，感恩耐心照顾我们生活的阿姨……

感恩不仅仅是为了报恩，因为有些恩泽是我们无法回报的，有些恩情更不是等量回报就能一笔还清的，唯有用纯真的心灵去感动、去铭记，才能真正对得起给你恩惠的人！

一杯牛奶

一个生活贫困的男孩为了积攒学费，挨家挨户地推销产品。他的推销进行得很不顺利，傍晚时他疲惫万分，饥饿难耐，绝望得想放弃一切。走投无路的他敲开一扇门，希望主人能给他一杯水。开门的是一位美丽的年轻女子，她笑着递给他一杯浓浓的热牛奶。男孩和着眼泪把牛奶喝了下去，从此对人生重新鼓起了勇气。许多年后，他成了一位著名的外科大夫。

一天，一位病情严重的妇女被转到了那位著名的外科大夫所在的医院。大夫顺利地为妇女做完了手术，救了她的命。无意中，大夫发现那位妇女正是多年前在他饥寒交迫时给过他那杯热牛奶的年轻女子！他决定悄悄地为她做点什么。一直为昂贵的手术费发愁的妇女硬着头皮办理出院手续时，在手术费用单上看到的是这样七个字：手术费——一杯牛奶。那位昔日美丽的年轻女子没有看懂那几那几个字，她早已不记得那个男孩和那杯热牛奶了。然而，这又有什么关系呢？

这个年头，人们很少感动了，对什么都很难感动了。即使他们感动，也只是感动于只有他们才会感动的对象。

其实，这个世界是有些共同的东西的。

看了这则故事丝毫不为所动的人，没有一点反思的人，他们的情感世界一定暂时缺少了一点很重要的东西，或者永远失去了一些最宝贵的东西！

感恩，是结草衔环，是滴水之恩涌泉相报。

感恩，是一种美德，是一种境界。

感恩，是值得你用一生去等待的一次宝贵机遇。

感恩，是值得你用一生去完成的一次世纪壮举。

感恩，是值得你用一生去珍视的一次爱的教育。

感恩，不是为求得心理平衡的喧闹的片刻答谢，而是发自内心的无言的永恒回报。

感恩，让生活充满阳光，让世界充满温馨。

学会感恩，应该是学会做人的一条最基本的准则。

一碗牛肉面

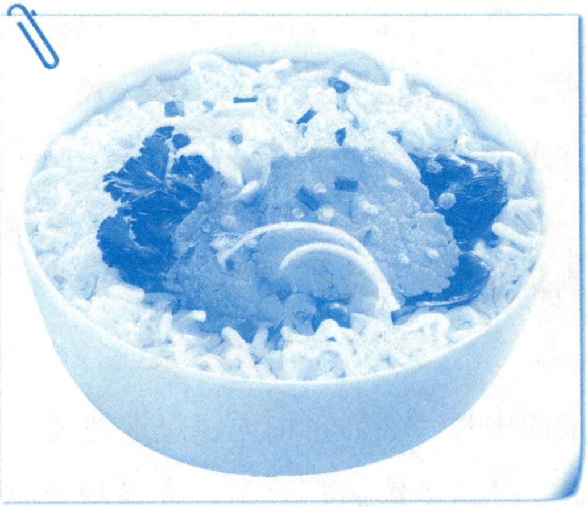

读大学的那几年，我课余时间一直在姨妈的饭店里打工。

那是一个春寒料峭的黄昏，饭店里来了一对父子。那个父亲是盲人，他身边的男孩小心地搀扶着他。男孩衣着朴素得近乎寒酸，身上却有着一份沉静的书卷气，想来还是个学生。男孩把老人搀到一张离我的收银台很近的桌子旁坐下。

“爸，您先坐着，我去开票。”说着，他放下手中的东西，来到我的面前。

“两碗牛肉面。”他大声地说。我正要低头开票，他忽然又面带窘迫地朝我用力摆了摆手。我诧异地抬起头，他朝我歉意地笑笑，用手指着我身后的价目表，用手势告诉我，要一碗牛肉面，一碗葱油面。我先是一怔，接着便恍然大悟，明白了他的用意，他叫两碗牛肉面是给他父亲听的。我会意地冲他一笑，开了票。他的脸上顿

时露出感激的神色。

厨房很快就端来了两碗热气腾腾的面。男孩小心地把那碗牛肉面移到他父亲面前，细心地招呼着："爸，面来了，您小心烫。"自己则端过了那碗葱油面。

那老人却并不急着吃面，只是摸摸索索地用筷子在碗里探来探去。好容易夹住了一块牛肉，就忙不迭地用手去摸儿子的碗，把肉往里面夹。

"吃，你多吃点。"老人一双眼睛虽然无神，脸上的皱纹间却满是温和的笑意。

那个男孩并不阻止父亲的行为，而是默不作声地接受了父亲夹来的肉片，然后再悄无声息地把肉片夹回到父亲的碗中。

"这个饭店真厚道，面条里有这么多肉。"老人心满意足地感叹着。

那个男孩趁机接话："爸，你快吃吧，我的碗里都装不下了。"

"好，好，你也快吃。"老人终于低下了头，夹起了一片牛肉，放进嘴里慢慢咀嚼起来。男孩微微一笑，这才大口吃着他那碗葱油面。

姨妈不知什么时候也站到了我身边，静静地望着这对父子。这时厨房的小张端来了一盘干切牛肉，她疑惑地看着姨妈，姨妈努嘴示意，让小张把盘子放在那对父子的桌上。

那个男孩抬头环视了一下，见自己这一桌并无其他顾客，忙轻声提醒："您放错了吧？我们没有叫牛肉。"姨妈走了过去："没错，今天是我们开业年庆，牛肉是我们赠送的。”我一听这话，心虚地左顾右盼，怕引起其他顾客的不满，更怕男孩疑心。好在大家似乎都没注意到这一幕，男孩也只是笑了笑，不再提出疑问。他又夹了几片牛肉放入父亲的碗中，然后把剩下的都放入一个装着馒头的塑料袋中。

这时进来了一群附近工地的建筑工人，店堂里顿时热闹起来。等我们忙着招呼完那批客人，才发现男孩和他的父亲已经吃完面走了。

小张去那张饭桌收碗时，忽然轻声地叫了起来。原来那个男孩子的碗下，压着几张纸币。那几张钱虽然破旧，却叠得平平整整。一共是六块钱，正好是我们价目表上一盘干切牛肉的价钱。一时间，所有的人都说不出话来，只有无声的叹息静静回荡在每个人的心间。

生活对爱的最高奖赏

多年前有一个鞋匠，在小城一条街的拐角处摆摊修鞋，寒来暑往，也说不清有多少个年头了。

有一个冬天的傍晚，他正要收摊回家的时候，一转身，看到一个小孩在不远处站着。看上去，孩子冻得不轻，身子微蜷着，耳朵通红通红的，眼睛直愣愣地盯着他，眼神呆滞而又茫然。

他把孩子领回家的那个晚上，妻子就和他怄了气。对于这样一个流浪的孩子，有谁愿意管呢？更何况，一家大小好几张嘴，吃饭已经是问题，再添一口人就更显困窘。

尽管这样，这孩子还是留了下来。鞋匠则一边在街上钉鞋，一边打听谁家走丢了孩子。两年多过去了，并没有人来认领这个孩子，

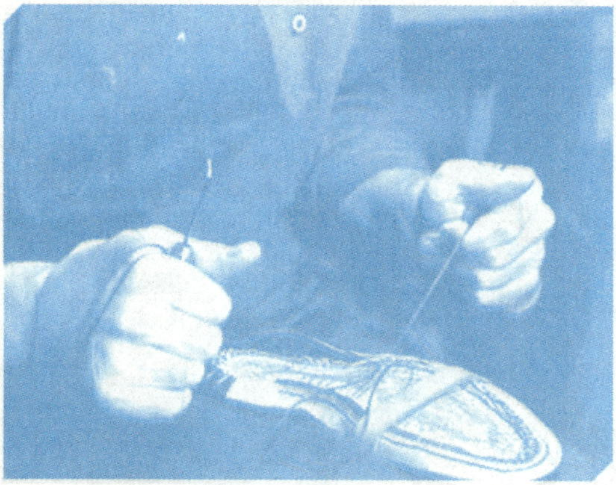

孩子也长大了许多，懂事、听话而且聪明。妻子渐渐也喜欢上了这个孩子，家里再拮据，也舍得拿出钱来为孩子买穿的和玩的。街坊邻居都劝他们把孩子留下来，鞋匠老婆也动了心思。有一天吃饭时，她

对鞋匠说："要不，咱们把他留下来当亲儿子养。"鞋匠闷了半晌没说话，末了，把碗往桌上一丢："贴心贴肉，他父母快想疯了，你胡说什么。"

鞋匠还是四处打听，他一刻也没有放松对孩子父母的寻找。他求人写下好多寻人启事，然后不辞辛苦地贴到大街小巷。风刮雨淋之后，他又重新再来一遍。甚至有熟人去外地，他也要让人家带上几份，帮他张贴。他找过报社，没有人愿意帮这个忙，电视台也没有帮助他的意思。他把该想的办法都想了，心中只有一个念头：一定要找到孩子的父母。

终于有一天，孩子的父母寻到了这个地方。他们只说了几句感谢的话，就急匆匆地带着孩子走了。鞋匠并没有计较什么，只是一起摆摊的人都揶揄他，说他傻。他总是呵呵一笑，什么也不说。

生活好像真的跟鞋匠开了个玩笑，这之后便再没有了孩子的任何音信。后来，他搬离了那座小城，一家人掰着指头计算着孩子的岁数，希望长大了的孩子能够回来看看他们，但是，没有。再后来又数次搬家，直到他死，他也没有等到什么。

若干年后，一个有德有才的小伙子因为帮助寻找失散的人成了名，他在互联网上还注册了一个专门寻人的免费网站。令人惊奇的是，网站竟然是以鞋匠的名字命名的。进入网站，人们看到，在显要位置上，是网站创始人的"寻人启事"。他要寻找的，就是很多年以前，曾经给过流落在街头的他无限关爱和帮助的那个鞋匠。

网站主页上，滚动着这样一句耐人寻味的话：当你得到过别人爱的温暖，而生活让你懂得了把这温暖亮成火把，从而去照亮另外的人的时候，不要忘了，这就是生活对爱的最高奖赏。

种花的邮差

有个小村庄里有位中年邮差，他从刚满二十岁起便开始每天往返五十公里的路程，日复一日将忧欢悲喜的故事，送到居民的家中。

就这样二十年一晃而过，人事物几番变迁，唯独从邮局到村庄的这条道路，从过去到现在，始终没有一枝半叶，触目所及，唯有飞扬的尘土。

这样荒凉的路还要走多久呢？

他一想到必须在这无花无树充满尘土的路上，踩着脚踏车度过他的人生时，心中总是有些遗憾。

有一天，当他送完信，心事重重准备回去时，刚好经过一家花店。“对了，就是这个！”他走进花店，买了一把野花的种子，并且从第二天开始，带着这些种子撒在往来的路上。

就这样，经过一天，两天，一个月，两个月……他始终持续散播着野花种子。

没多久，那条已经来回走了二十年的荒凉道路上，竟开起了许多红、黄各色的小花：夏天开夏天的花，秋天开秋天的花，四季盛开，永不停歇。

种子和花香对村庄里的人来说，比邮差一辈子送达的任何一封邮件，更令他们开心。

在不是充满尘土而是充满花瓣的道路上吹着口哨，踩着脚踏车的邮差，不再是孤独的邮差，也不再是愁苦的邮差了。

我要你给我一个承诺

在美国德克萨斯州的一个风雪交加的夜晚，一位名叫克雷斯的年轻人因为汽车抛锚被困在郊外。正当他万分焦急的时候，有一位骑马的男子正巧经过这里。见此情景，这位男子二话没说便用马帮助克雷斯把汽车拉到了小镇上。

事后，当感激不尽的克雷斯拿出不菲的美钞对他表示酬谢时，这位男子说："这不需要回报，但我要你给我一个承诺，当别人有困难的时候，你也要尽力帮助他人。"于是，在后来的日子里，克雷斯主动帮助了许许多多的人，并且每次都没有忘记转述那句同样的话给所有被他帮助的人。

许多年后的一天，克雷斯被突然爆发的洪水困在了一个孤岛上，一位勇敢的少年冒着被洪水吞噬的危险救了他。当他感谢少年的时候，少年竟然也说出了那句克雷斯曾说过无数次的话："这不需要回报，但我要你给我一个承诺……"

克雷斯的胸中顿时涌起了一股暖暖的激流："原来，我穿起的这根关于爱的链条，周转了无数的人，最后经过少年还给了我，我一生做的这些好事，全都是为我自己做的！"

一杯温开水

这是朋友对我讲的故事。十年前，他还在深圳打工，整天帮人掏下水道，走哪儿身上都有一股下水道的异味，让人侧目。

深秋的一天下着雨。他当时已掏好一家酒楼的下水道，雨大，回不去，他就倚在酒楼的檐下躲雨，一边掏出怀里的冷馒头吃。还冷！他抱臂转脸，隔着酒楼的玻璃窗，望着里面蒸腾的热气和温暖，一些人悠闲地在吃饭。他想，若是有一杯热热的茶喝，多好。他在心里面笑着对自己摇头，我怎么可以有那样的奢望呢？

这时，酒楼的门忽然开了，从里面走出一位服务员，服务员径直走到他跟前，彬彬有礼地对他说："先生，您请进！"他愣住了，结巴着说："我，我，不是来吃饭的，我只是躲会儿雨。"服务员微笑着说："进来吧，外面雨大。"朋友拒绝不了那样的微笑，跟进去了。

他暗地里想：想宰我？我除了身上的破衣裳，什

么都没有。他被引到一张椅子上坐定，另一个服务员端来一杯温开水：“先生，请喝水。”同样彬彬有礼。朋友不知道他们葫芦里卖的什么药，心想：既来之，则安之。他遂不客气地端起茶杯，把一杯水喝得干干净净，并且把怀里的另一个冷馒头掏出来吃了。服务员又帮他续上了温开水，他则接着喝，喝得身上暖暖的，额上渗出细密的汗，舒坦极了。

后来，雨停了，他以为那些服务员会来收钱，但是没有。他坐等了一会儿，还是没有一个人来问他的事。他忍不住走过去问服务员：“白开水不收钱吗？”服务员微笑着说：“先生，我们这儿的白开水是免费的。”那一杯白开水的温暖从此烙在了朋友的记忆里，每每谈及此事，朋友的眼里都会升起一片感激的雾。

后来，朋友从深圳回来发展，也开了一家酒楼。在酒楼里，他定下一条规定：凡是雨天在他檐下躲雨的人，都要被请到店里来坐，并且要给人家倒上一杯温开水。世界的美好，因此摇曳和放大在一杯温开水之中。

伟大的同情

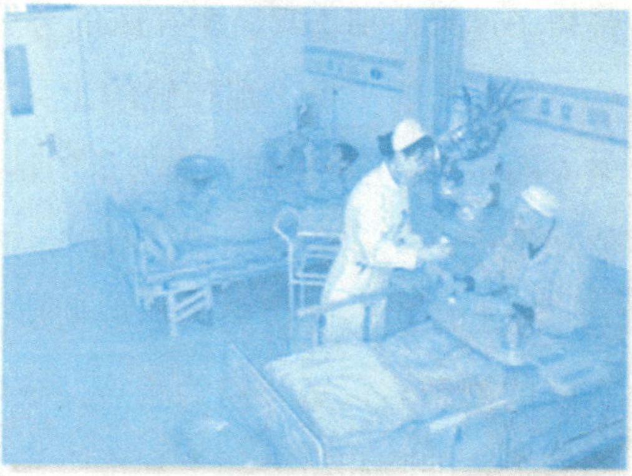

纽约布路可林区闹市街道的一角，有一个年纪老迈的人，过马路时昏厥了，被一辆救护车迅速地送往王家医院。在医院里他有几次恢复知觉，频频要他的儿子来看他。

急诊室的护士从老人身上找到一封信，这封信是弄脏了的，证明他曾读过多次。从这封信里，人们得悉他的儿子是驻扎在北革罗林海军陆战队营地的红十字会会长。

病人已在弥留之际，工作人员立刻出发，去寻找老人的儿子，他们找到了那个青年——他正参加演习，在沼泽的荒地里艰辛地前进。他们立即把他送到机场，及时赶上一架飞机，希望他能够见到垂死的父亲。

那青年踏进王家医院时，天色已晚，他又疲倦又焦急，护士把他带到病床边。

“你的儿子来了！”她对老人说。她说了好几遍病人才睁开眼睛，他模糊地看见一个穿海军陆战队制服的青年站在床边，于是伸出了手。海军陆战队士兵用他粗糙的手指握住软弱的手指。这紧紧的一握，传达了爱，也传达了鼓励。护士拿一张椅子过来，那士兵就坐在床的旁边。

在漫长的夜里，那年轻的士兵都坐在灯光黯淡的病房里，握着老人的手，说些希望和加强力量的话。护士好几次请那士兵休息片刻，他却不肯。

护士每次走进病房，都看见那士兵坐在床边。她的动作，晚间医院的嘈杂声，氧气筒的响声，夜班人员打招呼的笑声，其他病人的号哭，呻吟和鼾声，士兵都听不见。有时护士听到青年人低声地对老人说几句话。垂死者默不作声，整夜大部分时间只是紧紧握着儿子的手。

将近拂晓时，病人离开了人世。士兵终于把那没有生命的手放松了，然后去告诉护士。

最后，护士回到了护士室，那青年在那儿等着，护士开始说一些吊唁的话，但士兵打断了她的话。

“死掉的那老人是谁？”士兵问。

“是你的父亲呀！”护士愕然地回答。

“不，不是的，”士兵答道，“我并不认识他。”

“那么我带你到他房间里的时候，你为什么不说呢？”护士问。

“我一走进那房间时，立刻就知道弄错了，可是我知道他需要他的儿子，而他的儿子不在这儿。当时我发觉他病情很严重，辨不出我是不是他的儿子，那么我想，他需要的是我了。因此我就留下来了。”

士兵说完便转身离开医院。两天后，北革罗林那海军陆战队基地传来了讯息，通知布路可林红十字会，说真正的儿子已启程到布路可林去，办理他父亲的丧事。原来有两个姓名相同的陆战队士兵，在营地里编号也相似，工作人员翻查记录时弄错了。

但那误召而来的陆战队士兵，却是在那时尽了人子的本分。他以一种独特的富有人情味的方式，证明了世界上的确有关心别人的人。

敲开你的心门

安纳西，是法国最古老的城市。莫尔是那里一位德高望重的医生，在他手上起死回生的人数不胜数。

然而20年前，他却是一个劳改犯，因为情人背叛他投向别人的怀抱，他一怒之下刺伤了那个男人，由一个名牌大学的学生变成了犯人，开始了三年的牢狱生活。

等他出狱后，情人早已嫁人，而劳改犯的身份也让他在找工作的时候受尽了白眼和嘲笑。在极度的痛苦中，莫尔一气之下跑去抢劫。

他早就注意到在街东有一家很好的猎物，大人都出去上班很晚才回来，只剩下一个盲童在家，非常容易得手。

一天，他撬开了盲童家的大门，带着一把匕首蹑手蹑脚地进到了屋内。一个稚嫩的声音问：“是谁呀？”莫尔随意找了个借口：“我是你爸爸的朋友，他把钥匙给我了。”小孩听了很高兴，毫无防备地说：“欢迎您，不过我爸爸还要等到晚上才能回家。叔叔你愿意先和我玩一会儿吗？”他睁着明亮却什么也看不见的眼睛，满脸的期待。

在这种祈求的神情下，莫尔竟然忘了来此的目的，一口答应了。令他惊讶的是，这个 8 岁盲童钢琴弹得行云流水。乐感极好，一段段轻快的音乐，就是一个正常的小孩也要付出很大的努力，何况是个什么都看不见的小孩呢。弹奏完钢琴后，小孩还给莫尔画出了一个自己感受到的世界：太阳、花朵、父母、伙伴等等。在这个盲童的世界里不是一片空白，虽然他的画是那么笨拙，连圆和方都分不清楚，可是他却画得那么认真，那么虔诚。

“叔叔，太阳是这个样子的吗？”盲童问。

莫尔忽然很感动，他用指尖在盲童手心里画了好几个圆圈：“太阳是这个样子的，又圆又亮，而且是金色的。”

“叔叔，什么是金色啊？”他仰着小脸追问。

莫尔愣了一下，然后把他带到太阳底下说：“金色是一种很有生命力的颜色，让人觉得温暖，就像我们吃的面包——要给人力量。”

盲童开心地用手在四周触摸：“叔叔，我感觉到了，真暖和啊，它应该是和叔叔的微笑一样的颜色。”莫尔耐心地为他描述了很多物品的颜色和形状，他尽量讲得生动形象，让这个原本想象力丰富的孩子容易理解。盲童易凯听得那么出神，他没有了视觉，可是他的触觉、听觉和感受能力都比一般的小孩子强很多。时间在不知不觉中流逝。

最后，莫尔才想起来此的目的。可是，他再也不可能去抢劫了。只不过是受了点世人的白眼和生活的打击就准备去犯罪，和易凯比起来，他是多么无地自容啊！他给易凯的父母留下了一张字条：“尊敬的先生和女士，原谅我撬开了你们的门。你们是伟大的父母，养育了这样好的儿子，虽然他的眼睛看不见了，但是他的心很明亮，他教给了我很多东西，敲开了我的心门。”

三年之后，莫尔自学完成了大学里热爱的医科学业，开始了医生生涯。

六年之后，他和同事们一起为易凯成功地完成了眼科手术，让他见到了光明。易凯终于成为一位出色的钢琴家，在全国各地开始演出。每一场演出，莫尔都尽量到现场去，在台下一个不起眼的角落，默默地倾听着当年的盲童弹奏的、能够洗涤他心灵的音乐。

在莫尔对世人和生活失望的时候，是小易凯的乐观和坚强给了他温暖和信心。在一个黑暗的世界里生活着的易凯，从没有对生活绝望而自暴自弃过，他让人看到了一个人的生命力有多么的强大，那种对生活的向往和热情，深深地打动和感染了莫尔。

爱从来就能创造爱，希望可能会打消一个萌芽的恶，一点点的希望也许就能挽救一个绝望的人，甚至因此而改变一个人一生的命运和许多人的生活，比如莫尔曾经帮助过的那些人。当绝望的时候，只要把心门撬开一点点，希望的光就会透进来了。

一件运动衫

马克·哈格

康威老先生叫我去他那儿一趟。

我到他家，老先生叫我把他的一双旧鞋送到城里吉特勒先生的鞋店修一下。我们两家是邻居。康威先生年事已高，帮他做点儿事是应该的。

就在我等着他把鞋脱下来的时候，一辆小轿车开过来，一位先生带个小男孩走下车，想要点水喝。这时，小男孩身上的红色运动衫引起了我的注意。这是我见到的最漂亮的一件运动衫，前面印着一只蓝色的仰着头的大角麋鹿。

小男孩看上去跟我的年龄差不多大，14 岁左右。他喝着水，康威老先生养的两只小狗咬他的鞋带。小男孩转过身和小狗一块儿玩起来。我大着胆子上前，问小男孩运动衫是在哪儿买的，多少钱一件。他告诉我在城里的商店，货架上全是这种运动衫。

他们走了以后，康威老先生用报纸将

旧鞋包好，从衣兜里掏出一元四角五分，对我说：“对不起，孩子，我只有这一点钱了。”

我夹着老先生的鞋要走时，他叫住我：“快点儿把鞋修好。告诉吉特勒先生，我就坐在这里等你回来。”

我一边走，一边想着那件红色运动衫。我回到家，对妈妈说那个小男孩身上穿的红色运动衫以及上面印的蓝色大角麋鹿有多棒。没一会儿，妈妈给了我三块钱。

到了城里，我先到小男孩告诉我的那家大商店，找到挂着那种运动衫的柜台，毫不犹豫地用三块钱买了一件，一出商店我就穿上了，心里充满了自豪。

在吉特勒先生的鞋店里，我将鞋子放在柜台上。他检查了一下鞋子，然后转过身瞧着我，摇了摇头，说：“没法再修了，鞋底全坏了。”

我夹着那双旧鞋走出了鞋店。

我在街角抱着鞋站了一会儿，好像看到老人在小屋里赤脚等着我。我瞥了一眼这双老人穿得不能再穿的破鞋子，心想这双鞋子可能是他最亲近的东西了。

我又一次站在商店的门口，把运动衫脱下来走进了商店。

我向售货员说明为什么要买一双鞋。

“噢，我认识那位老先生，他来过几次。”售货员和颜悦色地说，“他常想要双软点的鞋子。我这儿还有几双。”

她转身拿出一个鞋盒，盒子上的标价是4.5美元。

“我用这件运动衫再加上一元四角五分买下这双鞋，可以吗？”

售货员没说什么，她拿来一双长腰袜子，放进鞋盒里。

我把那件骄傲地仰着头的大角麋鹿运动衫放在柜台上，抱着鞋盒走出商店。

我走回那间熟悉的小屋，一本正经地对康威老先生说：“吉特勒先生说你的鞋不能再修了，鞋底全坏了。”

老先生的眼睛里没有出现失望的目光：“噢，那就算了，把鞋放在这儿，我自己还能修一修，再穿一段时间。”

我打开鞋盒把那双崭新的软皮鞋呈现在他面前，他那双大手拿着鞋，不停地抚摸着，泪水从面颊流了下来。他站起身，从枕头下面拿出一件印着仰着头的大角麋鹿红色运动衫。

“我早上看到你眼睛一直盯着这件红色运动衫。当那对父子打猎回来时，我用一只小狗跟那个小男孩换了他的运动衫……”

感谢生活

一个男孩，他的父母离异了。家庭的变故使他变得郁郁寡欢，不但学习成绩下降，还动不动对同学发脾气。谁都知道他的痛苦，可是，就是没有人能安慰他。

这时，班里一个并不起眼的同学杰出现在他的身边。于是，在学校的操场上经常能够看到两个并肩而行的身影。就这样，又过了一段时间，这个同学完全从父母离异的阴影中走了出来。

不久前的一次同学聚会上，当我们提起这段往事的时候，杰微笑着对我们说："其实没有什么，你们并不知道，在我上中学的时候我的父母就离婚了。在那段痛苦的日子里，我发奋学习，结果考上了大学。回首那段往事，我发现自己成熟了，独立了，坚强了。我只不过是把自己的这段经历告诉了他而已。"

这样的答案让我们吃惊，整整四年，没有一个人知道杰的身世。

我们问他为什么会做到这样。杰说，经历了不如意，他学会了感谢生活。因为，正是那段家庭的变故，才成就了今天的他。

我们需要感谢生活吗？在生活中，很多人会自觉或不自觉地问起这个问题，尤其是当我们面对生活中的种种不如意的时候。我想：当好运来临的时候，我们都会感谢生活；可是，当生活不尽如人意的时候，我们大多数人会抱怨生活。但是，生活常常不会因我们的抱怨而变得美好起来，有的时候，还会因为我们的抱怨而变得更加糟糕。

不要对自己目前的境遇抱怨，不要对自己所拥有的感到不满意。如果有一天，我们手中握住的东西像沙子一样被你不经意地从指缝间滑落，你是不是才懂得要珍惜？当我们懂得珍惜的时候，证明我们已经失去。不重视现在的人，就不会有可以期待的未来。

滋养心灵

对生活怀有一颗感恩之心的人，即使遇到再大的灾难，也能熬过去。感恩者遇上祸，祸也许能变成福，而那些常常抱怨生活的人，即使遇上了福，福也许会变成祸。

行 善

快下班的时候，一对年轻的夫妻抱着几个月大的孩子来登记户口。从他们递上来的资料里民警看到孩子姓名的后两个字是“行善”。

“这名字很特别啊！”民警抬头笑着对他们说。

“是的，很特别，而且这名字有不同寻常的意义。”那个男人说，“因为我们——我是说，我、我的妻子和我们的孩子，我们三个都是‘6·22’海难事故的幸存者。”

2002年6月22日，浓雾弥漫在海面上。他和妻子坐上曾坐过多年的“榕建号”客轮。那天，准载100人的客船实际承载了200多人，没有一个人意识到死神正伸出狰狞的双手逼向他们。

终于，过重的船身骤然倾覆。那一瞬间，他的大脑也如当时的场面一样混乱。他的耳边充斥着惊慌失措的哀嚎、尖叫和哭泣。他看到许多双绝望挥舞的手和渐渐随着水流沉浮远去的头颅。他根本来不及细想究竟发生了什么，只在一种求生本能的驱使下奋力划开水流。当他筋疲力尽地爬上岸仰面朝天喘着粗气的时候，他清楚地知道自己那不会游泳的已有孕在身的妻子恐怕早已……

就在这时，他突然发现水里漂来什么，好像是一个女人。她还在不停地扑腾水花表明她还活着，并且正在努力地求生。他已经很累了，差一点就会虚脱，但救人的念头还是强烈地占据了上风，他再次跳了下去。

当他好不容易把那女人拖上岸时，他虚弱得已睁不开眼睛。两个人就这么水淋淋地躺着。不知是过了多久，昏厥中他听到喧闹的人声，是救援的人过来了。他被别人扶起来，出于好奇心，他忍不住看了他救的那女人一眼，这一下他惊得跳了起来——那个同样用惊慌的眼神望着他的女人，竟然是他的妻子！世界忽然死一般寂静，时间仿佛在那一刻停止了流动……突然，两个人抱头痛哭！

“假如……”民警正要插嘴。那个男人接住了话头：“你是想问，假如那时我侥幸自保没有救人的话……”

人们都沉默了，谁都知道这是一个再简单不过的答案。可这答案，却维系着两个至亲至爱的生命！一念之差，得与失又是多么分明啊！

“老天有眼，助人者天助之。所以我们给孩子取名‘行善’。我们要他无论在什么情况下，都不能放弃哪怕是一次微不足道的行善的机会。”

上帝的奖赏

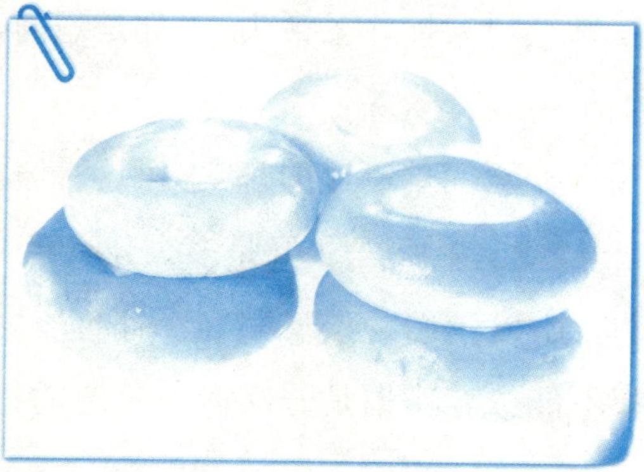

经济大萧条时期，一位富有的面包师把城里最穷的二十个小孩召唤来，对他们说："在上帝带来好光景以前，你们每天都可以来拿一条面包。"

每天早晨，这些饥饿的孩子蜂拥而上，围住装面包的篮子你推我搡，因为他们都想拿到最大的一条面包。等他们拿到了面包，顾不上向好心的面包师说声"谢谢"，就慌忙跑开了。

只有格琳琴，这位衣着贫寒的小姑娘，既没有同大家一起吵闹，也没有与其他人抢。她只是谦让地站在一步之外，等其他孩子离去以后，才拿起剩在篮子里最小的一条面包。她从来不会忘记亲吻面包师的手以表示感激，然后才捧着面包高高兴兴地跑回家。

有一天，别的孩子走了之后，羞怯的小格琳琴得到一条比原来更小的面包。但她依然不忘记亲吻面包师，并向他表达真诚的谢意。

回家以后，妈妈切开面包，发现里面竟然藏着几枚崭新发亮的银币。

妈妈惊奇地叫道："格琳琴，立即把钱送回去，一定是面包师揉面的时候不小心掉进去的，赶快去，把钱亲自交给好心的面包师！"

当小姑娘把银币送回去的时候，面包师说："不，我的孩子，这没有错，是我特意把它们放进去的。我要告诉你一个道理：谦让的人，上帝会给予他幸福。愿你永远保持一颗宁静、感恩的心。回家去吧，告诉你妈妈，这些钱是上帝的奖赏。"

上帝不会辜负信念

李雪峰

15 世纪中叶的一个夏天，航海家哥伦布从海地岛海域向西班牙胜利返航。

怀着又一次航海探险成功的喜悦，哥伦布率领他的船队在风平浪静的茫茫大海上，像海鸟一样轻松地游弋。经历了惊涛骇浪的船员都在甲板上默默祈祷：“上帝呀，请让这和煦的阳光一直相伴我们返回到西班牙吧。”

但船队刚离开海地岛不久，天气就骤然变得十分恶劣。天空布满乌云，远方电闪雷鸣，巨大的风暴从远处的海上向船队扑来。这是哥伦布航海史上遭遇的最大一次风暴，有几艘船已经被排浪打翻了，只一闪，便沉入了大海的深渊。船长悲壮地告诉哥伦布说：“我们将永远不能踏上陆地了。”

哥伦布知道，也许真的要船毁人亡了。他叹口气对船长说：“我们可以消失，但资料一定要留给人类。”哥伦布钻进船舱，在疯狂颠簸的船舱里，迅速地把最为珍贵的资料缩写在几页纸上，卷好塞进一个玻璃瓶里并加以密封，然后他将玻璃瓶抛进波涛汹涌的大海。

“有一天，这些资料一定会漂到西班牙的海滩上！”哥伦布自信而肯定地说。

“绝不可能！”船长说，“它很可能被海浪击碎，或许会深埋海底，但它绝不可能被冲到西班牙海滩上！”

哥伦布自信地说：“或许是一年两年，也许是几个世纪，它一定会漂到西班牙。这是我的信念。上帝可以辜负生命，却决不会辜负生命的信念。”

幸运的是，哥伦布他们的大部分船只在这次空前的海上风暴里死里逃生了。回到西班牙后，他和船长都不停地派人在海滩上寻找那个漂流瓶，但直到哥伦布离开这个世界时，那个漂流瓶也没有找到。

1856 年，大海终于把那个漂流瓶冲到了西班牙的比斯开湾。而此时，距哥伦布遭遇的那场海上风暴，已经整整过去了三个多世纪。

上帝没有辜负生命的信念，上帝没有辜负哥伦布的信念。

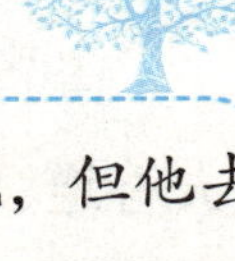

滋养心灵

尽管哥伦布在世时没有找到这只非同一般的漂流瓶，但他去世三百多年后，这个愿望还是实现了——上帝没有辜负哥伦布的信念。当然，上帝也不会辜负普天下所有人的追求成功的信念。在飘飘摇摇起起落落的人生命运里，只要你的信念之灯始终点燃着，就能抵达你所期望的驿站，你的梦想就会成真。

上帝的代理人

从前有一对贫穷的老夫妻，时刻忍受着饥饿的煎熬。后来确实没办法了，老头对他妻子说：“马尔珂，我们给上帝写封信吧。”

于是他们坐下来给上帝写了封求助的信。他们签了名，将它封好，在信封上写上了“上帝”二字。

“怎么才能将这封信寄出去呢？”他老伴奇怪地问道。

“上帝无所不在，我们寄出去的信他一定能收到。”她虔诚的丈夫答道。

于是他将信扔出了门外，风就把它沿着街吹远了。

恰巧当时有一个出门散步的好心富人，风把信吹到了他面前。他好奇地捡起来，打开读了读，他很同情老夫妇的悲惨处境，被他们的虔诚和天真打动了。他决定帮助他们。一会儿以后，他敲了敲老夫妇的门。

“纳特先生在这儿住吗？”他问道。

“我就是。”老头答道。

富人朝他微笑。

“那么，我要告诉你一件事，”他说，“我想让你知道上帝在几分钟之前收到了你的信。我是他在白俄罗斯的个人代理，他叫我给你100卢布。”

“马尔珂，你看怎么样？上帝收到我们的信了！”老头高兴地喊道。

老夫妇收下了钱，对上帝在白俄罗斯的代理表示感谢。

可是当只有他们两人的时候，老头的脸上充满了疑虑。

他妻子忙问：“你又怎么了？”

“马尔珂，我很怀疑，那个代理在撒谎，他有点儿耍滑头。”老头若有所思地回答，“你知道代理是怎么回事！上帝很可能给了他200卢布让他交给我们，可是那个骗子拿走了一半给自己当佣金！”

滋养心灵

当你的善意遭到误解时，你是选择以怨报怨还是一笑了之？其实完全没有必要去计较，上天自有最公正的评判。

88个新年祝福

王国华

天已经黑了，外面的爆竹声越来越响。日历显示是2003年1月31日，星期五。我将在异乡度过第二个春节。

大学毕业后，我开始在各个城市之间漂泊，这么长时间过去了，最初的满怀豪情逐渐退去，我不再想念家乡，不再对生活抱着幻想。得过且过的日子一天天从指间滑过，我自己也不知道生活的终点会定在什么地方。

迷迷糊糊睡了一觉，醒来，我很想找个人，哪怕是闲聊几句也行。可是找谁呢？这时候每个人都在与自己的家人团聚，我的电话也许会搅了人家的兴致，所以应该找与自己同样单身的男人。于是，我试着拨通一个朋友的电话。接电话的是个苍老的声音："找哪位？"我说："我找……"那边愣了一下："你拨错号码了。"我说："哦，对不起。"我便挂了电话。

我仔细想了想，朋友的电话号码在我的脑子里渐渐模糊起来，最后三位数字的顺序怎么也不能确定。于是我拨通另一个号码，电话那头十分喧闹，间或有几个小孩子的"唧唧喳喳"声。

接电话的是个中年人："对不起，我们这里没有这个人。不过，祝您新年快乐！”

随着一阵电话忙音，我的脑袋“嗡”了一声——有人祝我新年快乐！

我再一次拨打重新组合的号码，这一次，接电话的是个年轻的女孩子。女孩子说：“你拨错了。”我没有立即挂断，而是说：“对不起，我是陌生人。祝你新年快乐！”对方发出一阵欢快的笑声：“这是我今年收到的最有趣的祝福。我把美好的祝福同样送给你！”

我又拨通了第一次拨打的那个电话号码，对那位老人说：“我是刚才打错电话的那个人。虽然我们不认识，但我祝您新年快乐！”老人笑了：“小伙子，谢谢你。我老伴去世好几年了，现在只有我一个人过年。我很想念她。很高兴能与你一起分享这个春节。祝你新年快乐！”

送出了两份祝福，同时也收到了两份祝福。我开始疯狂地拨打电话，随手拨一个号码后，没等对方开口，我就说：“我是陌生人。在这个辞旧迎新的日子里，祝你新年快乐！”无一例外地，我收到同样的祝福。一个晚上，我一共送出去87个祝福，收到了88个祝福。这其中有一个是孩子的妈妈，那位妈妈向我发出祝福以后，把旁边的孩子也叫了过来：“宝贝儿，来，祝这个陌生的叔叔新年快乐！”

当听到她的祝福时，我的泪流出来了。我感到，生活还没有抛弃我。新的一年，我要带着这88个祝福从容上路。

我欠乞丐一块钱

阿潇在小吃店做事，有一天，他在体育馆门口等公交车回店里。身后蹲着一个乞丐，是个三十来岁的男人，衣着邋遢，面前摆着一个小碗，里面有些一块两块的零钱。

阿潇向来瞧不起这种人：正是壮年，不靠双手挣钱，却不顾脸面出来乞讨。可那天也不知为什么，大概是心情好，阿潇忽然想施舍钱给他，随手一掏，摸出一块钱，扔在他的碗里。

乞丐点点头，说："谢谢！"阿潇没再看他，继续等车。

车快要来了，阿潇打开随身带的包，谁知包里一分钱也没有。他暗骂自己糊涂，昨天在家整理东西，把钱拿出来后忘了放进去，再摸身上，兜里全都是空的——刚才给乞丐的是他身上唯一一块钱！

这可怎么办，离店里还有十几公里路程呢，总不能走回去吧！他急得团团转，真是一分钱逼死英雄汉哪！眼看着一连开走了三趟公交车，天也快黑了。

忽然，阿潇把眼光对准了乞丐的碗，刚才扔进去的一块钱还在，出手时毫不在意，

这时看着却成了宝贝，他不由得再次打量那个乞丐。这次看清了：那乞丐的腿有毛病，是个跛子。眼睛也不大好，看人时眼睛老是眯着。

乞丐大概也注意到他了，对他说：“先生，是不是你坐公交车没零钱了？”阿潇心里一喜，连连点头。乞丐说：“要多少？”阿潇说：“一块，就我刚才给你的一块钱就……就够了。”乞丐从碗里拿出一块钱，笑嘻嘻地给了阿潇。

阿潇脸一红，朝左右看了看，确信没人留意，这才走过去接了钱。正在这时，公交车来了，阿潇连忙挤了上去，可一上车就看到自动投币箱上写着一行字，说是夏天到了，从今天起车上开了空调，要加收一元钱。阿潇傻眼了，这空调早不开晚不开，偏偏今天开，真是要命哪！

司机见阿潇愣在那里，张嘴刚想说什么，阿潇没等他开口，就慌忙下了车，退回墙角，蹲下身子，真有点走投无路的感觉。

这时，有人轻轻在阿潇耳边叫：“先生。”阿潇一看，又是那个乞丐。乞丐问：“你是不是差一块钱才够坐车？”他见阿潇点了点头，就说：“我再给你一块钱，你坐车回家（店里）去吧！”阿潇有些不敢相信自己的耳朵，但见他的眼神很真诚，没有一点轻视他的表情，阿潇知道他是诚心诚意帮自己的。阿潇心里很感动，还没来得及多想，乞丐已经把一块钱放在他手里了。

就这样，阿潇和那个乞丐面对面地蹲着，像朋友一样地聊了起来。阿潇问他怎么会在这里当乞丐，他憨厚地一笑，说他姓周，原先跟着一个建筑队，后来摔断了腿，庄稼人断了腿日子就不好过了，在家里实在想不出挣钱的法子，听说潮州人很好，所以想在这里乞讨一段日子，如果能积点钱，就回家乡开一家小店。他说这话的时候，一双布着血丝的眼中充满了希望。

阿潇对他虽说不上敬佩，但也觉得他和别的乞丐不太一样。阿潇说："明天你还在这里吧？我一定会来还你钱的。"然后向他伸出了手，乞丐有点惊慌，但还是迟疑着伸出了脏兮兮的手。阿潇和他握了握手，说："周先生，再见！"

阿潇用向那个乞丐借来的一块钱，加上原先已施舍给他，后来又要回来的一块钱，坐上公交车回到了店里。

第二天一大早，老家有急事打来了电话，阿潇不敢耽搁，立刻就走了，可还乞丐钱的事他一直搁在心里。

阿潇两天后办完事回来，就立刻赶到体育馆，果然看到那乞丐还在，他心里一阵高兴，大步走过去，冲他喊道："嗨——"谁知他一见阿潇，竟然像看到鬼一样，吓得从地上爬起来，跌跌撞撞地往前跑。阿潇上前一把拉住他，笑着问："怎么了，伙计？"他双手抱头，垂着脑袋，又惊又怕地说："是我瞎了眼，你饶了我吧，我再也不敢了……”阿潇稀里糊涂，忙问：“到底怎么回事呀？”他没有回答，只是嘴里不住地求饶。这时已经有不少行人在停步观看了，阿潇有些尴尬，不敢久留，只得匆匆走了。

回到家里，哥哥正在唱卡拉OK，阿潇心里一动，问：“昨天你有没有出门？”

“我带女朋友去了体育馆。”

阿潇一愣：“去了体育馆？遇见什么事情没有？”

哥哥嘟囔说：“碰上一个要饭的疯子，打了他两下……”

阿潇急着追问：“什么疯子？为什么打他？”

哥哥说：“我和女朋友正走着，忽然一个要饭的撵上我，还笑嘻嘻地跟我套近乎。我没理他，谁知这家伙胆大包天，竟敢用手扯我……我女朋友说，你的朋友真不少呀，还有要饭的呢！我一听很恼火，就打了他……”

阿潇全明白了：自己和哥哥长得很像，那个乞丐眼睛又不大好，一定是把哥哥当成了自己，偏偏哥哥又是个火暴脾气，就出手打了那个乞丐……

哥哥还没有明白是怎么回事，他问：“弟，怎么啦？”

阿潇对着他一声怒喝：“你，你混蛋！”

后来，阿潇再也没有见过那个乞丐，也没能把欠他的一块钱还他！

分享你所拥有的

星　竹

22岁的德国大兵杰克，在第二次世界大战期间，曾被敌军赶入大漠，他的唯一出路就是穿过荒无人烟的戈壁，死里逃生。

好在杰克事先准备了水，只要他省着喝，大概不会渴死。

茫茫大漠中，除了杰克，什么也没有。杰克走累了，只能和他随身带着的一只玩具狗说话。在这之前，杰克从来没有过多地注意过这只玩具狗。

杰克想不到，在他或死或生的时候，这只玩具狗却成了他的唯一伴侣。他抚摸、摆弄着玩具狗，认真地端详它，跟它说话，跟它亲昵，把它当做一个有灵性的伙伴。

每天，杰克除了走路，再也没有别的事可干了，他的压缩饼干快吃完了，便和玩具狗商量怎么办。

他迷路了，问玩具狗该向哪里走；他烦了，就骂玩具狗；他想家了，就抱着玩具狗念着他的亲人名字，或是干脆大哭一通。狗不语，瞪着大眼睛看他。杰克认为狗完全听懂了。

于是，他感到来自亲人的欣慰。杰克睡觉的时候，就把玩具狗抱在怀里，对狗说，只要我能活着出去，我就要好好找个姑娘，像抱你一样，好好抱紧她，活着是多么好啊！狗还是不语，望着杰克。杰克却感到来自狗的温情。

整整十六天，杰克奇迹般地走出了大漠。后来人们问他，你一人深居大漠，该是多么寂寞恐怖啊。杰克说，是的，我都想自杀了，好在我有一只沙皮狗。

人们惊异，没想到杰克还有一只沙皮狗。杰克得意地举起他的玩具狗，流着眼泪说，我要感谢它，是它和我做伴，给了我温暖和无穷的力量，减少了我在大漠中的孤独与恐惧，使我能活着走出大漠。是的，这是杰克对玩具狗的真诚感受和感谢。

土耳其的登山运动员劳斯不慎掉进山洞，身上除了事先背着的干粮，只有一个记事用的小本子。

劳斯躺在山洞里，听着手表秒针的嘀嗒声，他无法忍受等待给他带来的恐惧。他开始把小本子撕掉，一页一页地叠起纸玩具来。他叠呀叠，竟然被自己的纸玩具所吸引，忘记了时间的存在……

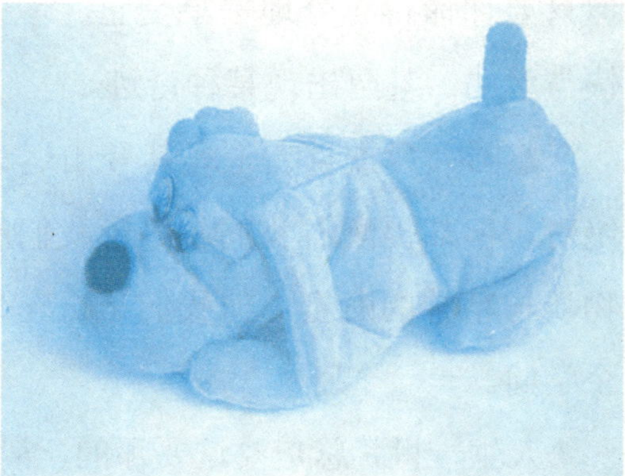

十天之后，人们找到劳斯的时候，他已经完全昏迷。人们惊讶地看到，在他的周围，摆满了各种用纸张做的

玩具。十天，劳斯奇迹般地活了过来。

劳斯在后来的漫长岁月里，一直感谢他的那个小本子，那些没有生命的白纸，在他最艰难的时候，给了他无限的力量，支持着他的生命。

这些平日看来价值极小的白纸，却与他分担了所有的艰难，陪伴他度过了可怕的死亡岁月。劳斯一直认为，是这些纸张与他分担了难以度过的可怕时刻。

在世界的许多集中营里，犯人们会借助手中的一件很不起眼儿的小玩意儿，度过很多年。这些玩意儿，无不成为支撑他们度过艰难岁月的最亲密伙伴，甚至比有灵性的生命更让他们感到亲切和温暖。人与物的交流，会生出许多意想不到的情感与奇迹，甚至会生出比物本身价值高百倍的力量。

我们拥有的，不一定是世界上最好的，有时甚至是微不足道的，但只要你懂得充分地去享受它、珍爱它，它同样会带给你莫大的愉快与幸福，甚至出现某种奇迹。

德国大兵杰克、土耳其登山运动员劳斯，他们的例子虽然有些绝对，但却提醒着我们，尽管我们的身边有着比他们当时多得多的物质与精神的财富，但我们是否充分地去分享了这些财富，却是一个学问。

人生一世，总是要这要那的，常常是吃着碗里的，看着锅里的，还惦记着其他的，而往往忽略了自己已经拥有的。人们大多都是苦苦地去求去奔，却将已经拥有的轻易遗弃。这是人们通常爱犯的毛病。

滋养心灵

学会分享你所拥有的，珍惜已经属于你的人和事，你的生活就会多姿多彩，而且变得更有意义。普通的日子也会因为你的珍爱而变得其乐融融，更加美满。

同情的宝贵

有一天，俄国作家屠格涅夫在路上走，一个穷人上前求他说：“我肚子饿了，请你给我一点钱，好买面包吃。”

屠格涅夫回答说：“好！”说着，他就伸手到衣袋里去摸，可是袋里空无一物，连一条手帕也没有。他对穷人说：“兄弟啊！对不起！对不起！我没有带钱出来。”

那个穷人说：“谢谢你！谢谢你！”

屠格涅夫既抱愧又觉惊奇，就问他说：“你谢我是什么意思呢？我连一文钱都没有给你！”

穷人说：“我谢谢你救了我的性命，因为我四十年来因贫穷被社会遗弃，所以想去自杀，你是第一个叫我兄弟的人，使我内心感到温暖。”

滋养心灵

现在世上有无数的人需要我们去同情安慰，物质方面的固然需要，但更重要的是心灵上的体恤，尤其有些还陷在罪恶火坑中的人，更需要有人向他们伸出温暖的手。

人间的温暖

在某处村落有一个拍卖场，每天拍卖东西。一天早上，村里像以往一样，已有一群人在拍卖场等待着。

人群里面，有好奇的孩子，有眼睛睁得大大的妇人，也有一言不发目光如炬的生意人。

不久，又来了一家人。看他们面带菜色，就令人油然而生怜悯之心。当日天气虽然和暖，但那女人却穿了一件又厚又旧的大衣。拍卖东西之中，她只留心那架保管得很好的旧缝纫机。她丈夫又瘦又高，身穿蓝布衣服，局促不安地站在她身旁；五个孩子所穿的衣服都已千疮百孔，在场的人对他们都动了同情心。

缝纫机开始拍卖的时候，大家都似乎知道这家人要买它的。那妇人怯生生地低声出价两元之后，就没有再出价了。她满怀希望地望着主持拍卖的人。

拍卖场的主持人是很聪明的，他早已看得一清二楚，他的喊声“要卖了！要卖了！卖掉了！”比平时快得多，目的是要阻止别人有再出价钱的机会。

到这妇人明白自己终于买到那架缝纫机的时候，疲倦的面庞上流露出了狂喜的神情。

她把缝纫机捆扎好，准备带回去的时候，她对丈夫说：“我的运气真不错，这次没有别人争着要买这缝纫机。”

滋养心灵

村里的人和主持人不约而同地为这个妇人一家低价拍得了缝纫机，他们的良苦用心想必妇人一家一定能够感受到，这就是人间的温暖。无言的关心既保护了妇人一家的自尊，又传达了他们的爱心。

同情弱者

美国作家亨利在和他的侄子交谈时，他侄子问他：“我这一生应该做什么？”

亨利回答道：“人生有三样东西是最重要的，第一是要善良；第二是要善良；第三还是要善良。”

善良是用心去关心别人，去爱别人，是真诚地希望他人幸福。世界上有很多弱者，他们由于各种原因在生活中失去了独立的能力，饱受生活的折磨，比如贫穷、年老无依、残疾等等。当我们遇到这种情形的时候，请不要吝啬你的善良，主动伸出自己的同情之手。

阿根廷著名的高尔夫球手罗伯特·德·温森多有一次赢得一场锦标赛，领到支票后，他微笑着从记者的重围中走出来，到停车场准备开车回俱乐部。这时候，一个年轻的女子向他走来。她向温森多表示祝贺后，又说她可怜的孩子病得很重——也许会死掉——而她却不知如何才能支付起昂贵的医药费和住院费。

温森多被她的讲述深深打动了。他二话没说，掏出笔在刚赢得的支票上飞快地签了名，然后塞给那个女子。

“这是这次比赛的奖金。祝可怜的孩子走运。”他说道。

一个星期后，温森多正在一家乡村俱乐部进午餐。一位职业高尔夫球联合会的官员走过来，问他一周前是不是遇到一位自称孩子病得很重的年轻的女子。

“是停车场的孩子们告诉我的。”官员说。

温森多点了点头。

“哦，对你来说这是个坏消息。”官员说道，“那个女人是个骗子，她根本就没有什么病得很重的孩子。她甚至还没有结婚！温森多，你让人给骗了，我的朋友。”

“你是说根本就没有一个小孩子病得快死了？”

“是这样的，根本就没有。”官员答道。

温森多长吁了一口气。“这真是我一个星期来听到的最好的消息。”温森多说。

从温森多身上我们可以看出，善良是一种多么高贵的品格。即使自己上当受骗了，他还惦记着那个生病的孩子，满怀着对弱者的同情和关爱。也许正是因为他的这种品格，使他不仅在球场上获得成功，也使他在人们心中获得了良好的声誉。

不要打击孩子的梦想

一个叫做布罗迪的英国幼儿教师，在整理自己家阁楼上的旧物时，发现了一叠练习册，那是皮特金幼儿园B（2）班31位孩子的春季作文，题目叫《未来我是……》。

他本以为这些东西早已丢失了，没想到，它们竟安然地躺在自己家里，并且一躺就是50年。

布罗迪随手翻了几本，很快便被孩子们千奇百怪的自我设计迷住了。比如，有个叫彼得的小家伙说自己是未来的海军大臣，因为有一次他在海里游泳，喝了3升海水都没被淹死。还有一个说，自己将来必定是法国总统，因为他能背出25个法国城市的名字。最让人称奇的是一个叫戴维的小盲童，他认为，将来他肯定是英国的内阁大臣，因为当时英国还没有一个盲人进入过内阁。总之，31个孩子都在作文中描述了自己的未来。

布罗迪读着这些作文，突然有一种冲动，何不把这些本子重新发到孩子们手中，让他们看看现在的自己是否实现了 50 年前的梦想？

一年后，布罗迪手里仅剩下戴维的作文本没人索要。他想，这个人也许是死了。毕竟 50 年了，50 年间是什么事都会发生的。

就在布罗迪准备把这个本子送给一家私人收藏馆时，他收到了内阁教育大臣布伦克特的一封信。他在信中说：“那个叫戴维的孩子就是我，感谢您对我们的欣赏，感谢您为我们保存着儿时的梦想。不过我已不需要那个本子了，因为从那时起，我的梦想就一直在我的脑子里，从未放弃过。50 年过去了，可以说我已经实现了那个梦想。”

传递一串甜美的葡萄

一天，修道院的大门被叫开，看门人巴拉甘惊喜地看到，旁边果园的一个果农给他送来一大串晶莹剔透的葡萄。

果农对他说：“兄弟，我送给你这串葡萄，感谢你在我每次来修道院时对我的关照。”看门人对如此情意浓厚的礼物表示感谢，并对果农说修道院的人会很高兴享用这串葡萄的。

果农满意地离开修道院之后，看门人把葡萄洗净，得意地望着它。忽然，他想起修道院里的一个病人最近得病什么也不想吃，便决定把这好吃的葡萄送给他，让他开开胃：“他多么需要营养啊！”

于是，看门人把葡萄送到虚弱的病人床前，病人睁开双眼惊喜地看着葡萄。看门人对他说：“马蒂亚斯，有人送给我这串葡萄，但是我知道你什么都不想吃，也许它能带给你食欲。”马蒂亚斯从心里感激他，对他说他将永远记住他，就是有一天死了，也会在天堂里感谢他。

看门人拿来一个大盘子，把葡萄放在上面，让病人享用。然后，他又回去继续工作了。病人拿起葡萄，又想起应该把它送给对自己倾注了大量心血，整日整夜地为他操劳的护士，以慰藉自己的灵魂。

病人喊护士，护士以为病人出了什么问题，就迅速赶到了他的床前。病人对护士说："埃斯特万，看门人惦记着我的病，送给我这串葡萄，让我品尝。由于我什么都没有吃，现在我吃了它可能伤胃，我想还是让你吃，你对我一直很不错。"护士坚持让病人吃，但是越坚持，病人越是拒绝。护士感谢病人送给他如此诱人的礼物，不得已便把葡萄带走。

护士边走边想，这串葡萄应该送给兢兢业业为大家服务的厨师。于是，护士来到厨房，找到了厨师埃纳文图拉，对他说："你的心像这串美丽的葡萄一样高尚，这串葡萄送给你吧。"厨师谢绝了护士的好意，最后把葡萄送给了为大家操劳的修道院院长。

就这样，这串葡萄在整个修道院里传来传去，最后重新回到了看门人手中。看门人惊奇得不知所措，他觉得不能再让葡萄兜圈子了。于是他不再迟疑，开始吃起葡萄来。这时，他觉得从来没有吃过如此甜美的葡萄。

滋养心灵

人们传递的不只是一串甜美的葡萄，更是一颗感恩的心，一串人与人心灵的呵护与关爱！有了这份爱与感恩，不论生活的风雨多么强烈，不论前途多么困难重重，你都会从中收获快乐、感动和勇气。

宽容是金

2004 年 8 月 23 日，雅典奥运会男子单杠决赛正在激烈进行。28 岁的俄罗斯名将涅莫夫第三个出场，他以连续腾空抓扛的高难度动作征服了全场观众，但在落地的时候，他出现了一个小小的失误——向前移动了一步，裁判因此只给他打了 9.725 分。

此刻，奥运史上少有的情况出现了：全场观众不停地喊着“涅莫夫”“涅莫夫”！并且全部站了起来，不停地挥舞手臂，用持久而响亮的嘘声，表达自己对裁判的愤怒，比赛被迫中断。

第四个出场的美国选手保罗·哈姆虽已准备就绪，却只能尴尬地站在原地。

面对这样的情景，已退场的涅莫夫从座位上站起来，向朝他欢呼的观众挥手致意，并深深地鞠躬，感谢他们对自己的喜爱和支持。涅莫夫的大度进一步激发了观众的不满，嘘声更响了。

面对如此巨大的压力，裁判被迫重新给涅莫夫打了 9.762 分。

可是，这个分数不仅未能平息观众的不满，反而使嘘声再次响成一片。

这时，涅莫夫显示出了他非凡的人格魅力和宽广胸襟。他重新回到赛场，举起右臂向观众致意，并深深地鞠了一躬，表示感谢。接着，他伸出右手食指做出噤声的手势，然后将双手下压，请求和劝慰观众保持冷静，给保罗·哈姆一个安静的比赛环境。

涅莫夫的宽容，让中断了十几分钟的比赛得以继续进行。

在那次比赛中，涅莫夫虽然没有拿到金牌，但他仍然是观众心目中的“冠军”；他没有打败对手，但他以自己的宽容征服了观众。

涅莫夫的宽容值得称道。在生活中，出现摩擦、不快和委屈是常有的事，我们不能以针尖对麦芒，因为怨恨就像是一只气球，越吹越大，最后会膨胀到无法控制的地步。

面对怨恨，我们应该不念旧恶，不计新怨，能宽容时就宽容，得饶人处且饶人。

第六枚戒指

我 17 岁那年，好不容易找到一份临时工作。母亲喜忧参半：家里有了指望，但又为我的毛手毛脚操心。工作对我们孤女寡母太重要了。我中学毕业后，正赶上经济大萧条，一个差事会有几十个甚至上百个的失业者争夺。多亏母亲为我的面试赶做了一身整洁的海军蓝衣服，才得以被一家珠宝行录用。

在商店的一楼，我干得挺欢。第一周，受到领班的称赞。第二周，我被破例调往楼上。

楼上珠宝部是商场的心脏，专营珍宝和高级饰物。整层楼排列着气派的展品橱窗，还有两个专供客人看购珠宝的小屋。

我的职责是管理商品，在经理室外帮忙和传接电话，要干得热情、敏捷，还要防盗。

圣诞节临近，工作日趋紧张、兴奋，我也忧虑起来。忙季过后我就得走，恢复往昔可怕的奔波日子。

然而幸运之神却来临了。

一天下午，我听到经理对总管说：“艾艾那个小管理员很不赖，我挺喜欢她那个快活劲儿。”

我竖起耳朵听到总管回答：“是，这姑娘挺不错，我正有留下她的意思。”

这让我回家时蹦跳了一路。

翌日，我冒雨赶到店里。距圣诞节只剩下一周时间，全店人员都绷紧了神经。我瞥见那边柜台前站着一个男人，大约三十来岁，高个头儿，白皮肤，但他脸上的表情吓了我一跳，他几乎就是这不幸年代的贫民缩影。一脸的悲伤、愤怒、惶惑，有如陷入了他人设置的陷阱。剪裁得体的法兰绒服装已是褴褛不堪，似乎在诉说着主人的遭遇。他用一种遥不可及的绝望眼神，盯着那些宝石。

我感到因为同情而涌起的悲伤。但我还牵挂着其他事，很快就把他忘了。

小屋打来要货电话，我进橱窗最里边取珠宝。当我急急地挪出来时，衣袖碰落了一个碟子，六枚精美绝伦的钻石戒指滚落到地上。

总管先生激动不安地匆匆赶来，但没有发火。他知道我这一天是在怎样干活，只是说：“快捡起来，放回碟子。”

我弯着腰，几乎快要哭了，但还是说：“先生，小屋里还有顾客等着呢。”

“我去那边，孩子。你快捡起这些戒指！”

我用近乎狂乱的速度捡回五枚戒指，但怎么也找不到第六枚。我寻思它是滚落到橱窗的夹缝里了，就跑过去细细搜寻。没有！我突然瞥见那个高个男子正向出口走去。顿时，我明白戒指在哪儿了。碟子打翻的一瞬，他正在场！

当他的手就要触及门柄时，我叫道：“对不起，先生。”

他转过身来。漫长的一分钟里，我们无言对视。我祈祷着，不管怎样，让我挽回我在商店里的未来吧！跌落戒指是很糟，但终会被忘却，要是丢掉一枚，那简直不敢想象！而此刻，我若表现得急躁——即便我判断正确——也终会使我所有美好的希望化为泡影。

“什么事？”他问。他的脸肌在抽搐。

我确信我的命运掌握在他手里。我能感觉得出他进店不是想偷什么，他也许想得到片刻温暖或感受一下美好的时辰。我深知什么是苦寻工作而又一无所获。我还能想象得出这个可怜人是以怎样的心情看这社会：一些人在购买奢侈品，而他一家老小却无以果腹。

“什么事？”他再次问道。猛地，我知道该怎样作答了。母亲说过，大多数人都是心地善良的。我不认为这个男人会伤害我。我望望窗外，此时大雾弥漫。

“这是我头回工作。现在找个事儿做很难，是不是？”我说。

他长久地审视着我，渐渐地，一丝十分柔和的微笑浮现在他脸上。“是的，的确如此。”他回答，“但我能肯定，你在这里会干得不错。我可以为你祝福吗？”

他伸出手与我相握。我低声地说：“也祝您好运。”他推开店门，消失在浓雾里。

善良的不是钱，是心

一　哲

2007年2月16日，刚刚卸任的联合国秘书长安南，在德克萨斯州的一个庄园里为非洲贫困儿童举行了一场慈善晚宴。应邀参加晚宴的都是富商和社会名流。

在晚宴将要开始的时候，一位老妇人领着一个小女孩来到了庄园的入口处，小女孩手里捧着一个看上去很精致的瓷罐。

守在庄园入口处的保安安东尼拦住了这一老一小。“欢迎你们，请出示请柬，谢谢。”安东尼说。

“请柬？对不起，我们没有接到邀请。是她要来，我陪她来的。”老妇人抚摸着小女孩的头对安东尼说。

“很抱歉，除了工作人员，没有请柬的人不能进去。”安东尼说。

“为什么？这里不是举行慈善晚宴吗？我们是来表示心意的，难道不可以吗？”老妇人的表情很严肃，“可爱的小露西，从电视上知道了这里要为非洲的孩子们募捐，她决定把自己储钱罐里所有的钱都拿出来。我可以不进去，但能让她进去吗？”

“是的，这里将要举行一场慈善晚宴，应邀参加的都是很重要的人士，他们将为非洲的孩子慷慨解囊。很高兴你们带着爱心来到这里，但是，我想这种场合不适合你们进去。”安东尼解释说。

“叔叔，慈善的不是钱，是心，对吗？”一直没有说话的小女孩露西问安东尼。她的话让安东尼愣住了。

“我知道受到邀请的人有很多钱，他们会拿出很多钱。我没有那么多，但这是我所有的钱啊，如果我真的不能进去，请帮我把这个带进去吧！”小女孩露西说完，将手中的储钱罐递给安东尼。

安东尼不知道是接还是不接，正在他不知所措的时候，突然有人说：“不用了，孩子，你说得对，慈善的不是钱，是心！你可以进去，所有有爱心的人都可以进去。”

说话的是一位老头，他面带微笑，站在小露西身旁。他躬身和小露西交谈了几句，然后直起身来，拿出一份请柬递给安东尼：“我可以带她进去吗？”

安东尼接过请柬，打开一看，忙向老头敬了个礼：“当然可以了，沃伦·巴菲特先生。”

当天慈善晚宴的主角，不是募捐倡议者安南，不是捐出300万美元的巴菲特，也不是捐出800万美元的比尔·盖茨，而是仅仅捐出30美元零25美分的小露西。她赢得了最多最热烈的掌声。而晚宴的主题标语也变成了这样一句话：“慈善的不是钱，是心。”

第二天，美国各大媒体纷纷以这句话作为标题，报道了这次慈善晚宴。看到报道后，许多普普通通的美国人纷纷表示要为非洲那些贫穷的孩子捐赠。

北京时间不到点

儿子放假了，天天日上三竿才起床。每天上午 10 点之前，我俩跑到附近的“德克士”快餐店，要上两个汉堡两杯可乐，早饭就算打发了。“德克士”这段时间搞活动：晚上 8 点以后、早上 10 点以前，买一送一。在儿子看来，这就是他的“幸福生活”。

这天，我们进去刚坐定，从门外急冲冲进来两个人，一老一少，看样子也是父子俩。父子俩在吧台前站定，气喘如牛。父亲是个四十来岁的中年人，儿子则跟我孩子不相上下。他们身上的装束显然是农村集贸市场上的流行款，与这时尚明亮的大厅有些格格不入。这对父子的到来引起了大家的好奇，我注意到有些食客像我一样，一边大口嚼饮一边余光旁观。我的位置刚好正对吧台，父子俩的一举一动都在我的视线里。

乡下父亲一边急急地掏钱，一边传口令似的对服务生说：“同志，要两个汉堡。”女服务生似乎不大习惯他这种称呼，用手掩了下嘴，笑着说：“先生要什么样的汉堡？”乡下父亲有点犹豫，显得拿不定主意，但仅仅一瞬，他便坚决地指着墙上的一幅宣传画说：“要

那个，十块钱的。”服务生微笑着说：“对不起先生，十元钱只能给您一个超级鸡腿堡。”

乡下父亲愣了，说你们不是“买一送一”吗？服务生微笑着解释：“对不起先生，我们的活动规定，晚8点以后早10点之前购买可享受‘买一送一’服务。”说着，她用手一指墙上的报时钟：“您看，现在已经10点过3分了。”乡下父亲“啊”了一声，掏钱的手不动了，失望凝固在脸上。

他的儿子在旁边似乎也听明白了，很丧气地垂下了头。乡下父亲不安起来，局促地对儿子说：“勇，要不，咱明天再来？”叫勇的小孩说：“明天还要看我妈去哩！”乡下父亲搓着手不吭声了，脸上的表情更加尴尬。他转而试探地问服务生：“同志，能不能宽限几分钟？我们一大早就往这儿赶，结果还是给耽误了！”

服务生依旧微笑着，不紧不慢地说：“对不起先生，这是我们公司的规定，我也做不了主。”乡下父亲又失望地转向他的儿子：“勇，要不晚上过了8点咱再来？”勇惊讶地说：“爸，十几里地，天黑咋走呀？”乡下父亲说：“你不用来，我来！”勇说：“算了，我不吃了，就当我没考‘双百’。”说着又低下了头。

乡下父亲咬了咬牙，枯皱的手在衣袋里摸索，似乎做出了一个艰难的决定。我不经意地看了一眼手机，显示的是10：05。儿子正往嘴里海塞，见我看手机，顺口问几点了？我刚要回答，一个念头突然让我既紧张又兴奋，心怦怦直跳。我答道：“9：55！”

事不宜迟，我还要将错误进行到底！硬了硬头皮，我朝吧台方向高声喊道：“服务生，你们的表快了！快了整整5分钟！”意想不到的是，旁边竟然有人附和：“对，对！快了5分钟！”还有人迅速地调整着手机，然后高高举起：“看，现在刚10点！”我看到，尽管这时用餐的人不多，但几乎所有的人都发出了一致的声音。

一时间，吧台里的服务生全愣了，你看我，我看你，有些不知所措。刚才几个正忙不迭地说着“先生欢迎光临”“先生请慢走”的服务生也马上噤了声，纷纷朝这边张望。乡下父亲和儿子也转过头来，一脸感激地寻找，寻找帮他们说话的人。他们的眼睛逐一扫过去，找不到定格的地方。顿时，整个大厅安静下来了，只有反复播放的轻音乐在低回萦绕。

刚才一直为父子俩“服务”的那个服务生掏出手机，狐疑地看着。一边看，一边模仿着电台播音员报时的腔调：“现在是北京时间——”她故意停顿了一下，然后 说：“不——到——点！”

说完她扬起脸，冲其他几个姐妹诡秘地一笑。接着，我听到，整个吧台内响起一片银铃般的“报时声”：

“北京时间——不到点！”

“北京时间——不到点！”

……

乡下父亲从服务生手里接过热乎乎的两个汉堡，转过身，用手背悄悄揩了下眼睛。

请允许我满含泪水地回来

同学们都参加工作时，她将自己锁在家里，没日没夜地啃那厚厚的司法考试复习资料。

第一年没成功，她有些沮丧；第二年又失败了，她感到了气馁，她一再安慰自己：坚持，明年一定能行；第三年、第四年，连续的打击让她不禁心灰意冷。看着父母日益苍老的背影，看着他们每天都盼着她成功，她却让他们等了四年。四年来，父母都笑着对她说，孩子，没关系，下次再来。为了父母，她鼓起勇气再试一年，然而，失败缠上了她。

得知成绩的那一刻，她想到了死。

3 月 4 日下午 2 点 36 分，她在“法制在线”的社区论坛上发了名为《爸爸妈妈请你们原谅》的帖子：

连续五年参加司法考试未通过，我付出太多，太累了……辜负了父母的期望。

很多人意识到这是一个“绝笔帖”，他们纷纷在后面跟帖，劝她不要做傻事，要坚强，要多为父母考虑，要知道年轻就是本钱，未来还有很长的路要走……一些网友专门跟帖描述自己类似的经历，告诉她生活的阴云其实很容易过去，他们曾经遭受过更大更猛烈的挫折，可他们现在都过得很好。

网友的留言她都看到了，她还看到了论坛版主多次发来试图跟她联系的消息。她脑中想的却是，如果活下去，势必拖累父母更久，他们早就到了该享福的年纪啊。她于是又一次发帖：

谢谢你们，我已经决定了。

之后，她捏紧了口袋中的安眠药，想找个地方结束烦恼，但她起不了身——善良的网友们不断地发消息、跟帖，他们对她的鼓励、关爱和理解，仿佛磁铁一样牢牢吸引住她那颗绝望的心。

她不知道，虚拟世界外，一场拯救行动也在悄悄地进行着。管理员发现她的IP地址在温州，便立即打电话给温州110，同时向温州市长热线发出求助信息，希望他们联系电信部门，尽快查到她的上网地址，第一时间通知她的家人。

警察寻找她的同时，越来越多的网友加入拯救她生命的行动。他们尽力寻找现实中认识她的人，甚至一些温州网友表示愿意聘请她到

自己的公司上班。

晚上七点多，警察终于找到她上网的地方时，她却于几分钟前离开了，因为上网的那个公共场所要关门，她不得不换了地方。短短的时间，论坛翻页已达十多页，跟帖上百条，阅读人数两千多人。看着不停闪烁的消息提示，看着仍然不断增加的帖子，她禁不住泪流满面，为她愚蠢的想法，更为无数善良的人们。

3月5日零点11分，她又一次发帖：

请允许我满含泪水地回来，我已经把准备好的安眠药扔到河里了……

发完帖子，她想，活着，真好，她再也不会试图去做傻事了。

她要下线时，无意间看见刚刚还成片亮着的会员头像，一下子暗了大半。她的眼泪又一次夺眶而出。她知道，那些网友，为了劝说自己，可是彻夜守在电脑前啊！

此后，她变了个人似的，不再每天锁在家里啃那枯燥的法律条文。她找出压在箱底的同学录，掸去上面的灰尘，一个个号码拨过去，问他们的近况，然后大声说，她很快也要工作了。她以前不习惯跟陌生人接触，觉得他们不可靠不能信任，现在，她对每一个迎面而来的人保持微笑。她仍常去“法制在线”，一天不去，网友发来的消息会塞满她的信箱——更重要的是，她发现让父母欣慰的地方有很多，比如给父母捶捶背，比如抢在母亲前头去洗碗，比如到旧书市场淘来父亲爱看的战争书籍……

偶尔，她还会想起那天的经历，想起那些善良的人们为她所做的一切。

年轻的国旗

这是由陈九（华裔作家，现为纽约市政府资深雇员）先生讲述的一个真实的故事。

小镇只有一所大学，不大，但哪个国家的学生都有。中国来的一共五名，巧了，全是女生，名副其实五朵金花。珍妮是她们的头儿。五朵金花同吃住同进出，像一家子出来的。其实本来就是一家子。

学校每年春天举行一次隆重的国际街坊节。在小镇主要街道、广场上，让各国来的师生穿上自己的民族服装载歌载舞，当街展示自己国家的食品和工艺品。到那天，各界名流与方圆多少里的男女老幼都会来凑热闹，在此欢歌笑语，尽情玩乐。

五朵金花很好奇，第一天就跑上街看街坊节的准备情况。她们要挑选有利地形，来个穿旗袍炸春卷，外加毛笔字，够中国的吧？几个姑娘这儿走走那儿看看，嘻嘻哈哈，踌躇满志。突然，一个姑娘说：“好像，我好像没看到中国国旗。”广场上空飘满各色国旗，赤橙黄绿青蓝紫，她们一面面数过，就没中国的，咋回事？

姑娘们一下懵了，她们此刻感到国旗对她们竟如此重要。珍妮的脸涨得通红，跟国旗一样红。现在只有一个办法，找校长当面问清楚。找校长？对。珍妮拔腿要走，等等，咱们一块儿去。

白发苍苍的校长先生面对为何别国的国旗都有，却偏没中国国旗的提问，很窘迫，他说："是吗？让我了解一下，保证尽快答复你们。""好，"珍妮说，"明天是街坊节，我们就在这儿等。"五朵金花走出办公室，在门前的草坪上坐下来。天角渐渐泛红。

春日黄昏那么短暂，像脸盆里的水，洒洒就没了。当校长走出办公室，夕阳已在天边闪烁。校长对姑娘们说："校董们都同意悬挂中国国旗，并为这个疏忽向中国同学道歉。明天一早，你们会在广场上看到中国国旗的。"

那本该是个安详的夜晚，人在心愿满足后睡得最甜。万万没想到，珍妮她们突然接到校长秘书的电话。

秘书说："找来找去，就是找不到一面中国国旗——我只是说，我找不到中国国旗。"

"如果我借你一面你会挂吗？"珍妮问。

"你有？"

"对，我有。"

"当然，当然挂。"

"好，一言为定，明天一早广场上等我。"

“你有国旗？”姑娘们把珍妮围起来，“咋不早说？害我们紧张半天，死多少细胞！”

珍妮红着脸低下头，憋了好一会儿才说：“对不起，我没有。可我不信就找不到一面国旗！”

姑娘们立刻打电话到北京、到纽约、到所有可能有国旗的地方，最后终于联系上位于波士顿郊外的哈佛大学中国同学会。

“怎么给你们？”电话里的人问珍妮。

“麻烦你把国旗放在你家门前的信箱里，我这就去取。”

“珍妮，你疯了？”

珍妮笑笑：“开车单程五小时，争取九小时赶回来。你们明儿一早直接在广场上等我，别忘帮我带好旗袍和化妆盒儿，咱广场见。”

不知那一夜姑娘们是如何度过的。特别是珍妮，迷过路吗，吃没吃罚单，饿不饿，打盹儿了没有？可以确定的是，太阳升起时，广场上的中国姑娘是五名，一个也不少。珍妮把鲜红的中国国旗交到校长手里。就在校长秘书升旗的瞬间，姑娘们一字排开，请校长为她们在国旗下合影。

“一，二。”校长喊着。

“等等！”珍妮挽起身旁两位姑娘的手臂，接着，她们每个人都相互挽起手臂，“现在可以了，校长先生。”

清晨很美，像一支奏鸣曲，随风飘荡。

别说你的眼泪无所谓

凌晨3时，他正在千米以下的矿井作业，忽然听到一声剧烈的怪响，像一枚炮弹从头顶呼啸而过。百米之外已经有水渗进来，在矿灯的照射下显得格外阴森恐怖。凭着多年的井下作业经验，他瞬间意识到大事不好，赶紧朝最近的西面出口飞奔，一边拼命大喊：“出事了！透水了！”

坑井里的另外五名工人听到喊声，也飞快地逃命，可是西边的出口已经被封，洪水正在涌入，他又赶紧掉头，率领众人往东跑去。但是这次透水的规模远远超出了他的想象，东坑唯一的通道也被洪水淹没！

此时水已淹至膝盖，前无去路，后有追兵，他们只好退回到几十米高的工作台上，那是短时间内唯一安全的地方。洪水如同狰狞的巨兽，张牙舞爪地疯狂涌入，纵使他经验丰富，也不知道此次能否重见天日。他告诫自己：必须保持头脑冷静，才能赢得一线生机，否则必死无疑！

每隔一小时他就测量一次水位，可是每测量一次，他心情就沉重一分，水位还在升高。死神步步紧逼，他们只能眼睁睁地坐以待毙，还有比这更残忍的事情吗？随着水位不断上升，生机越来越渺茫，五名工友因为绝望而面部扭曲，有人忍不住放声痛哭，悲伤迅速传染了其他人，漆黑的矿井里哭声一片。

他一声没哭，反而出口大骂：“谁敢再哭，老子立即把他扔下水去！”瞬间恢复了安静，他的话谁敢不从。其他五人都是进矿不久的新人，而他从十三岁开始下井摸爬滚打，三十几年来无数次死里逃生——此时此刻，他是唯一的救命稻草。

一天、二天、三天，仿佛经历了三年，随着手表上的日历滚动，不少人彻底绝望，却又不敢哭泣，躺在那里静静地等死，只有他还在坚持测量水位。第三天下午，水位竟下降了一毫米！他欣喜若狂，立即告诉所有人：“上面正在抽水救援咱们呢，只要再坚持几天，我们就能得救了！”然后，他又向大家约法三章：第一、不许哭；第二、不许没事乱讲话；第三、每天啃一块树皮。矿井里的支撑木是松树，由于松树皮实在太硬，难以下咽，每人每天只能啃下半个巴掌大的一块树皮，可就是这小小的树皮，让他们勉强支撑下去。

黑暗中死一般的寂静，七天后，他们在蒙胧中听到了机器的轰鸣声，还有嘈杂的人声……

六名矿工在千米以下的矿井中坚持了七天七夜并得以生还，成了这起灾难事故中的奇迹！而他，黄益龙，一个普通的中年男子，更是受到了人们英雄般的欢迎。几天后，他和几名幸存

者受邀去电视台做节目。听了这段惊心动魄死里逃生的经历后，人们无不啧啧赞叹。

感慨之余，忽然有观众提出质疑：“有一点我不明白，在那种情况下，伤心大哭本是人之常情，可是你却不准别人哭，似乎太不近人情吧？”他搓了搓手，憨憨地笑了，说：“大道理我说不上来，还是给大家讲个故事吧。”

“前几年，我在另一家矿上干活儿，那里也发生过一次透水事故。当时有四个人被困在井下，有两个不停地伤心痛哭，另外两个却一声没哭。等到四天后抽干水时，哭的人死了，没哭的人活了下来。后来，幸存者告诉我，因为那两个人不停地哭，浪费了宝贵的体力，又没有吃的东西，结果没等到救援就死了……所以我觉得，在那样的情况下，哭顶个屁用，只会害死人！”

他小学没毕业，文化不高，话有点儿粗，可是那理儿却分毫不差。

多少人，无数大风大浪都闯过来了，最后却淹死在自己的泪水之中，怎不令人扼腕叹息？殊不知，这个世界并不相信眼泪，只承认汗水。与其在泪水中消耗自己，不如在汗水中拼搏机遇。假如有一天，当失败或灾难不期而至，相信我们不难选择——宁可流汗绝不流泪，千万别哭！